백만인의
대변인
변호사
전수미

백만인의 대변인
변호사 전수미

그란데

| 추천사 |

약자가 소외되지 않는 세상을 위하여

『백만인의 대변인, 변호사 전수미』 출간을 축하합니다.

전수미 변호사님은 북향민, 장애인, 여성 등 우리 곁 힘든 이웃에 귀기울였습니다. 약자의 곁에서, 보이지 않는 곳에서 눈물을 닦아 드렸고, 변호사로서 직접 문제를 해결해냈습니다.

더불어 사는 세상, 약자가 소외되지 않는 세상을 꿈꾸는 전수미 변호사의 노력이 앞으로도 꾸준히 이어지길 기대합니다. 바른 정치, 차별받지 않을 권리, 더불어 살아가는 사회를 위해 더불어민주당은 늘 국민 곁에서 함께 하겠습니다.

이재명 | 더불어민주당 대표

외진 곳, 작은 목소리의 대변자

외진 곳, 작은 목소리들을 대변하는 인권변호사이자, 국제적인 평화연대를 일궈가는 전수미 변호사의 『백만인의 대변인, 변호사 전수미』 출간을 진심으로 축하드린다.

군산은 나를 길러주고 꿈을 갖게 한 터전이다. 그 고향에, 귀한 생각, 높은 이상(理想)으로 정진하는 전 변호사님이 계셔서 든든하고 자랑스럽다. 한국 사회에서는 전통적으로, 여성에게 살림살이가 매우 중요한 능력으로 여겨져 왔다. '살림의 지혜'는 이제 가족을 일으키고 이웃을 살피고 공동체의 유대를 돈독히 살리는, 각 분야에 진출한 여성들의 모성애적인 덕목이 되어야 한다.

전수미 변호사가 걸어온 길은, 따스한 살림의 간절함이 빚어낸 성과라고 할 수 있다. 장애인, 탈북민, 이주민 등 소외지역의 작은 목소리들을 대변하는 일은 전문 지식, 다정한 인성 없이는 불가능한 일이다. 빛나지 않으나 고결한, 그 일을 묵묵히 수행해온 전수미 변호사님이 이 땅의 더 큰 재목으로 우뚝 서길 응원한다.

이길여 | 가천대학교 총장

평화와 인권의 투사

누구나 한반도에 평화가 오고 통일이 되면 내 삶이 어떻게 달라질 것인가를 꿈꾼 적이 있을 것이다. 전수미 변호사는 "평화와 통일을 이루면"이라는 가정을 훌쩍 뛰어넘어 "평화와 통일을 하면"으로 뛰어드는 사람이다. 전 변호사가 '먼저 온 통일이자 우리의 친구'인 탈북민(북향민)을 온몸을 던져 지원하면서, 대북전단과 미국식 북한인권의 문제점을 미국 의회에 제기한 모습을 보고 나는 그녀를 '평화와 인권의 투사'라 부른다.

그녀가 국제정치학 박사로서 강대국의 협력을 이끌어내는 전문가적 소양을 키우며, 평화를 쟁취하기 위해 거침없이 연대하는 활동에 아낌없는 지지를 보낸다. 한반도 평화와 통일문제를 평생 천착해온 나의 든든한 동지 전수미의 좌충우돌 분투기를 한반도를 넘어 인류의 평화를 갈구하는 여러분께 권한다.

정세현 | 29-30대 통일부장관

전수미를 기대하는 이유

그는 정직하다. 허장성세가 없다. 말과 행동이 일치하고 겉과 속이 같다.
그는 마음이 여리다. 상대방의 상처를 자신의 상처보다 더 아파한다.
그는 순수하다. 속셈이 없다. 단순하고 명료하다.
그는 정의롭다. 불의와 타협하거나 회피하지 않는다. 고생한다.
그는 용감하다. 죽음을 두려워하지 않고 행동한다. 자신의 안위는 늘 후순위이다.
그는 자신보다 이웃을, 공동체를 생각한다. 평화를 꿈꾸며 하루를 산다.
이 책은 왜 고생하며 집요하게 좁은 길을 가는 그에게 우리가 새로운 기대를 할 수 있는지 보여준다.

김찬 | 전 문화재청장

힘없는 탈북민들의 대변자

항상 남북의 평화를 위해 노력하시고, 약자인 탈북민들의 힘들고 아픔을 손잡아 주시는 전수미 변호사님, 대한민국 사회의 정착에 어려움을 겪고 있는 탈북민들의 안타까움을 풀어 주시고 힘이 되어 주시는, 내가 제일 존경하는 전수미 변호사님,
언제나 뜻이 통하고 마음가짐이 비슷해서 존경스러운 전수미 변호사님. 당신이 있어 우리 북향민들이 힘을 내고 있습니다. 아무쪼록 당신이 있어 남북통일은 눈앞에 온듯 희망을 그려봅니다. 항상 건강 잘 챙기시고 힘없는 탈북민들을 대변하는 통일 선구자로, 함께 평화를 만들어 가요.

백영숙 | 임진강예술단 대표

모든 소외된 사람들을 향한 사랑

『백만인의 대변인, 변호사 전수미』이 책은 모든 사람들, 특히 이 땅 소외된 사람들을 향한 전수미 변호사님의 사랑을 담은 책이라 생각합니다. 앞으로 저는 장애인 감독으로서 장애인 인권을 다루는 영화를 계속 만들 것입니다. 전 변호사님도 우리 사회에서 가난하고 힘없고 소외당하고 있고 장애인들을 위해서 지속적인 활동을 부탁드립니다.

정재익 | 영화 '복지식당' 감독

영화 '복지식당'의 시사회 때 "행정소송을 다시 해보자. 마땅히 내가 해야 할 일이다"며 지체 없이 실행하시는 모습을 보았습니다. 행동하는 실천가 전수미 변호사님의 다음 걸음에 감사하는 마음과 기대를 담아 응원합니다.

서태수 | 영화 '복지식당' 감독

How important it is to give a voice to the voiceless

Sumi Jeon's work is a reminder that human rights, which all of us are entitled to, still need to be fought for in many countries. North Korea is a particular case, where disturbing reports have emerged for many decades, but access and action are still lacking. In the Republic of Korea, the UK and elsewhere, we are free to work for fair societies where all can enjoy the same opportunities. We should not forget that not all countries are so fortunate, or how important it is to give a voice to the voiceless.

콜린 크룩스 | 주한 영국대사

| 목 차 |

추천사
서문

작은 목소리

별이로부터의 전화	22
삶과 죽음의 끝, 바라나시에서	28
인신 매매 구출현장	36
북한인권 변호사가 되어	42
전파사 집 첫째 딸	49
화가의 꿈, 문화외교관의 꿈	56
전라도 출신 여성으로 산다는 것	64

생의 한가운데 서서

불의 전차	78
화해평화연대	84
당신의 영원한 동지이고 싶습니다	94
김대중 대통령의 길	97

미국 톰 랜토스 인권위원회에서	106
미투, I stand with you	122
나도 장애인이다	132
전수미와 통하는 사람들	140

100만 인의 대변인

정치를 정치답게	148
2023 대한민국 검찰공화국	157
외교·안보는 민생을 위해야	164
10.29 이태원 참사 국가배상청구	174
군산의 내일을 위하여	182
대북전단과 코리아 인권	192
북향여성 인권의 현주소	202
진짜 북한인권을 위하여	208
그래서 민주당이다	220
지금 민주당은 무엇을 할 것인가?	236
한반도의 메르켈 총리를 꿈꾸며	240
한반도 평화의 그날	244

| 서 문 |

언제나 당신과
함께 있겠습니다

　　북한인권 변호사로 활동하면서 여러 통일·평화 단체들과 인연을 맺었다. 그렇게 통일코리아협동조합과 평화통일연대 등 여러 곳에서 활동하게 되었다. 그때 여러 사람들로부터 자서전을 써보는 건 어떠냐는 제안을 받았다. 그때는 "아 네" 하면서 약간 주저했었다. 그러다가 2022년 말, 협동조합과 시민단체에서 활동했던 도서출판 그란데 김성원 대표로부터 책을 한번 써보시라는 제안을 정식으로 받았다. 나도 "아, 그러자구요" 하면서 흔쾌히 수락했지만, 막상 내가 살아온 날들, 그때의 감상들을 정리하려니 키보드 자판이 잘 눌러지지 않았다.

　　지난날의 내가 무척이나 대견하지만 그만큼 아프고 힘들어서 기억조차 하고 싶지 않은 시간이 너무 많았기 때문이다. 2~30대의 나는 늘 배고픈 아이, 고향·성별·장애로 사람들한테 상처받은 청년이었던 것 같다. 어릴 때부터 받았던 부모님의 가르침 때문에 늘 약자의 곁에 서서 싸우는 것은 당연한 것이었고, 불의를 보면 머리보다 몸이 먼저 달려나갔던 대책 없이 용감한 나였다. 그래서 아직 40대임에도 몸 여기저기가 성치 않다.

    그럼에도 돌이켜보면, 이 자리에 오기까지 나를 격려하고 일으켜 세워주신 고마운 분들이 너무나 많았다. 처음 내가 우리 민족인 북한 아이들을 위해 일해야겠다고 마음먹게 한 외국인 활동가들부터 한반도 화해와 평화를 위해 나와 함께 하는 동지들, 두려웠지만 더 이상 피해자를 만들기 않기 위해 죽을 힘을 다해 함께 싸워준 북향(탈북) 여성들, 내가 인권변호사로서 목소리 없는 사람들을 위해 싸우는 것을 응원하는 외신 기자들과 외교관 친구들, 북향 여성들의 목소리를 들을 수 있도록 기회를 주시고 늘 따스한 조언과 격려를 해주시는 민주당 국회의원들, 지금까지 내가 지쳐 쓰러지지 않게 늘 내 편이 되어주고 응원해주는 가족들까지, 이들이 있기에 나는 쓰러질 때마다 일어설 수 있었고, 곁길로 빠지지 않고 한 길을 걸어올 수 있었다.

    내가 태어난 전북 군산은 정말 인재가 많은 곳이었다. 난 어린 날부터 나보다 훌륭한 친구들이나 선후배들을 너무나 많이 보고 자랐다. 따라서 나 자신의 부족함을 항상 느꼈고 그만큼 배움에 목말라했다.

난 내가 지금까지 받아왔고, 지금도 받고 있는 과분한 관심과 응원, 사랑이 당연하지가 않다. 이건 '기적'이라고밖에 설명할 수가 없다.

나는 '강강약약'형이다. 어린 날부터 못견디도록 화나게 했던 건 자리가 높아 보이는 사람에게는 한없이 부드럽고 상냥하지만 자신보다 지위가 낮아 보이거나 도움이 되지 않을 것 같은 사람에게는 한없이 권위적이고 폭력적인 사람들이었다. 사회적 약자들과 야당을 향해 강자 행세를 하는 현 정부와 대통령을 향해서는 지난 10·29 이태원 참사 때부터 지금까지 거침없이 규탄의 목소리를 내 왔다. 그래서 사석에서 만난 시민들은 그런 나를 보고 "연설 때는 투사인데 실제 만나보니 웃음도 많고 상냥하다"며 놀라곤 한다. 나는 내 자신이 깨지고 부서진다고 해도 현 정부와 대통령이 '국가가 국민을 위해 존재'하도록 끝까지 맞서 싸울 것이다.

나는 비가 오는 아침이면 밖으로 나가는 버릇이 있다. 며칠 전에도 비가 왔고, 나는 이른 아침 우산을 받쳐 쓰고 집앞 아스팔트 골목에 쪼그려 앉았다. 비가 오는 날이면 대책없이 아스팔트 위로 기어나오는 지렁이들 때문이다. 이 녀석들을 죄다 안전한 흙으로 다시 옮겨놓아야지만 마음에 평화가 찾아오기 때문이다. 한때 별명이 '지렁이 공주'였던 이유도 그 때문이다.

'지렁이 공주'는 이후 북한인권 변호사로, '미투 여성'으로 알려졌다. 가족들이 있는 데다 여자임에도 옳다고 생각했기에 국회에서 미투를 했고 그로 인해 '대책 없이 용감하다'는 이야기도 들었다. 인권 변호사로서 돈을 받지 않고 일하기에, 다른 아르바이트를 하며 소송 비용을 충당하는 모습에 '바보 전수미', '0원 짜리 변호사'라는 별칭도 생겼다. 촛불 시위현장에서 거침없이 현 정부를 규탄하고 개혁을 촉구하기에 '전다르크'라는 별명도 얻었다.

모든 생명은 존엄하다. 20대 초반, 나의 예쁘고 소중한 친구를 먼저 하늘로 보내야 했기에 나는 내가 할 수 있는 한 한 사람, 하나의 미물이라도 더 도와주고, 더 살려내고 싶다. 잠시만 내 주위를 돌아봐도 한 사람 생명을 하찮게 여기는 우리 사회의 폭력성은 너무나 강하고 무섭다. 세월호 참사가 그랬고, 최근의 이태원 참사가 그렇다.

경제 발전, 민주화, 각양각색의 변화가 모두 고속으로 진행되다 보니 외형은 번지르르하지만 생명 존중이나 약자에 대한 배려 같은 우리의 이면은 너무나 초라하고 잔인하기만 하다. 범죄 가해자들이 아닌 피해자들을 향해 사람들은 너무나 쉽게 손가락질을 하고 2차 가해를 한다.

그렇게 해서 세상을 떠나야지만 다시 반성과 대책이 나온다. 두 번 죽고서야 비로소 피해자들이 부각되는 아이러니가 우리 사회를 지배하고 있다.

그 어떤 조건 없이 인간인 그 자체로 존중받는 우리, 치열한 경쟁 속에서도 모든 생명의 고귀함을 인정하는 우리, 정치·경제·안보 등 모든 영역에서 유리 천장을 깨고 마음껏 활동하는 여성들을 지지하고 응원하는 우리를 나는 꿈꾼다. OECD 국가 중 자살률 1위, 성평등 지수 꼴찌라는 불명예는 이제 벗어던져야 한다.

정치는 힘들어하는 국민들의 눈물을 닦아 주는 것, 비를 막아주는 지붕이 되는 것, 바람을 막는 벽이 되는 것이다. 나는, 나 같은 사람도 얼마든지 정치판에서 약자를 위해 일할 수 있다는 것을 보여줌으로써 정치에 희망이 있음을, 우리 사회가 그래도 살맛 난다는 것을 보여주고 싶다.

"정치인의 눈에 국민이 가득하지 않으면, 국민의 눈에는 피눈물이 가득하다"는 고 노회찬 의원의 말을 다시 한번 상기하며, 사람을 살리고 생명을 살리는 정치, 한반도 평화를 만드는 소명으로서의 정치를 위해

나 자신을 던지려 한다. 타협하지 않고, 굴복하지 않고, 기득권과 부조리에 맞서 끝까지 싸우려 한다. 언제나 당신과 함께 있을 것이다.

2023. 10. 31.
나라다운 나라, 정의로운 나라를 꿈꾸며
바보 인권변호사 **전수미** 올림

작은 목소리

나는 장례식 내내 울기만 했다. 그녀의 발인 때도 눈이
퉁퉁 부은 채로 그녀의 몸이 뼛가루로 변하고, 납골당에
자리하는 마지막까지도 스스로를 자책하고 또 자책했다.
'그깟 기말고사가 뭐라고? 왜 나는 별이가 그렇게도
간절하게 내미는 손을 잡아주지 못했을까? 별이의 요청대로
내가 바로 만나주었더라면 별이는 죽지 않았을 텐데…'

1학기가 끝나자마자 무작정 비행기 표를 끊고
인도로 향했다.
잃어버린 삶의 목적과 이유를 찾기 위해서가 아니었다.
그냥 도망치고 싶었다.

이 세상으로부터,
모든 것으로부터 떠나고 싶었다.

별이로부터의 전화

나는 군산에서 나고, 군산에서 중고등학교를 다녔다. 그런 내게 서울의 대학생활은 낯설고 차갑기만 했다. 지하철을 타야 하는데 승차권 넣는 데를 몰랐다. 이곳저곳 넣어보다가 안 되어 당황하고 있는데, 사람들은 연신 그런 나를 쳐다보거나 심지어 밀치기까지 했다. 나는 애가 타서 발을 동동 굴렀다. 그런 내 모습이 불쌍해 보였는지 어떤 아주머니가 다가오더니 "그건 이렇게 넣는 거예요"하며 친절하게 가르쳐 주셨다. 고마우면서도 얼마나 창피했는지 모른다.

한번은 전철을 타고 가는데 TV로만 보던 황금색 초고층 건물, 바로 63빌딩이 내 눈앞에 솟아 있는 게 아닌가. 당시 폴더 휴대폰이 처음 나왔을 땐데 나는 엄마한테 전화하며 냅다 환호성을 질렀다. "엄마, 지금 내 눈앞에 63빌딩이 있어!" 그 순간 사람들의 시선이 일제히 나에게로 쏠렸다. 나는 고개를 푹 떨궜다. 마음은 쉼 없이 쥐구멍을 찾고 있었다.

버스를 타서도 헤맸다. 중간에 내리는 곳을 몰라 종점까지 갔다가 집까지 걸어온 적이 한두 번이 아니었다.

낯설고 차갑기만 했던 서울생활

사람들에게 속은 적도 부지기수였다. 학교 앞에 '좋은 다이어트 약을 판다'는 안내와 함께 봉고차가 한 대 서 있고 그 주위에 여학생들이 몇 명 모여 있었다. "진짜예요?" 하면서 차 안에 들어갔는데, 유리병이 몇 개 있고 그 안에 기름(지방) 덩어리가 있는데 알약 하나를 넣었더니 지방이 싹 분해가 되는 거였다. 물건을 파는 사람이 "이 알약 하나 먹으면 지방이 다 분해돼서 밖으로 배출됩니다. 다이어트 특효약!"이라고 설명을 했다. 나는 의심은 1도 없이 곧바로 계약서에 사인을 해버렸다.

약값이 그 당시 돈으로 무려 180만원이었다. 그 날로 약을 몇 박스 들고 와서 자취방에 쌓아놨다. 그런데 며칠 후 엄마가 올라와서 박스의 내용물을 자세히 살피시더니 "정신이 나갔냐?"며 내 등짝을 마구 때리시는 게 아닌가. 그 약은 다이어트 약이 아니라 '키토산'에 불과했던 것이다. 키토산은 콜레스테롤 개선에 약간 도움을 줄 뿐이었다.

영어 잡지 구독은 나 말고도 많은 대학생들이 겪어본 것이기에 여기서는 굳이 얘기할 필요가 없을 것 같다. 이런 경우도 있었다. 학교에서 나와서 신촌 골목을 걷고 있는데 한 여성이 다짜고짜 내 손을 잡더니 "지금 어깨에 영이 앉아 있는데 무겁지 않냐?"고 묻는 거였다. 그렇지 않아도 요즘 친구랑 사이가 안 좋고 일도 잘 풀리지 않아 피곤하고 힘들던 참이었다. "어떻게 아셨어요?"라고 했더니, 자신들은 그런 게 다 눈에 보인다며 집안에서 조상님들을 잘 못 모셔서 그런 거니까 자신들이 해결해 줄 수 있다고 했다. 무작정 그 여자를 따라갔다.

골목 끝 쪽에 있는 2층짜리 건물로 들어섰다. 2층으로 올라갔더니 사람들이 한복을 입고 나를 맞아주었다. 방 한켠에 제사상이 차려져 있었다. 배, 사과, 북어 등이 가지런히 놓여 있었다. 내 한자랑 생년월일을 적어 달라고 했다. 이런 말도 덧붙였다. "당신 이름으로 조상님들께 제를 올려야지 나쁜 기운들이 떠나간다", "우리는 이런 제사를 도와주는 사람들이다", "좋은 마음으로 하는 거지 강요는 아니니까 부담은 가질 필요없다. 다만 보시다시피 제사올릴 때 비용이 좀 들어가는데 성의라도 보여주면 좋겠다."

그때 마침 전공서적 안에 내 전 재산인 5만원이 들어 있었다. 전공서적 속에 있는 돈을 보여줬더니 "이거 주시면 되겠네" 하면서 가져다 제사상 앞에 놓는 거였다. 나 보고 한복으로 갈아입으라고 해서 갈아입고 그 자리에서 제를 올렸다. 집에 돌아오면서 '내가 지금 뭘 한 거지?' 하는 의구심이 떠나질 않았다. 뭔가에 홀리기라도 한 것처럼 시키는 걸 다 따라했던 것이다.

군산을 떠나올 때 외할아버지가 이런 당부를 하셨다. "서울 것들은 눈 뜨고도 코 베어 가니까 조심 또 조심해야 한다." 나는 그 말을 워딩 그대로 믿었다. 그래서 길거리를 다닐 때는 손으로 코를 가리고 다닐 때가 많았다. 나는 그렇게도 바보 같고 순진했다.

차별도 여러 번 겪었다. 부모님이 서울에 오실 때면 차를 몰고 오시는데 '전북' 번호판이 차에 붙어 있었다. 그걸 본 젊은 친구들이 내 뒤에서 수군대며 비웃는 거였다.

대학에서도 고향 얘기를 나누다가 내가 군산 출신이라고 하자 한 선배가 "우리 부모님이 전라도 것들과는 상종도 하지 말라고 하셨다"고 하자 다른 학생들도 맞장구를 치면서 "사기꾼이고 빨갱이들이지" 하면서 호응을 하는 게 아닌가. 나는 '지역감정, 지역차별이라는 게 바로 이런 거구나' 하는 걸 그때 느꼈다.

서울의 친구들은 철저히 자신의 스케줄을 따라 만나고 헤어지는 게 다반사였다. 연락 한 번 안하던 친구가 불쑥 "같이 수업 듣자"며 연락을 해오기도 했다. 목적을 위해 사람을 만나고, 수단으로 사람을 대하는 것 같았다. 그런 사람들이 사는 서울이 나에겐 한없이 차갑게만 느껴졌다. 그런 서울 하늘 아래서 나는 늘 자책하면서 지냈다. '나는 여전히 촌놈이라 적응하려면 멀었구나.'

그러던 중 동아리에서 친구 별이를 만났다. 난 늘 학교 친구들과 동아리 친구들에게 진심으로 대했는데, 내 앞에서 웃던 아이들이 알고 보니 뒤에서는 나를 비웃거나 험담하고 있었다는 것을 알고 낙담하고 있을 때였다. 별이는 나와 대학 동기였지만 나이는 나보다 두 살이나 아래였다. 과학고를 조기 졸업한 별이는 대학에 일찍 입학했던 것이다.

그녀는 언제나 내 말을 들어주고, 날 믿어주었다. 그녀 역시 어린 나이에 부모님이 이혼하고 재혼하는 과정에서 방황의 시간들을 보내고 있었다. 우리는 그렇게 서로를 의지한 채 같이 울고 웃는 절친 사이였다.

별이의 죽음, 그리고

어느 날, 기말고사가 막 시작되는 월요일 무렵이었을 것이다. 그녀에게서 전화가 걸려왔다. "언니, 나 언니한테 할 이야기가 있는데 우리 만날래?" 나는 그 당시 기말고사를 앞두고 있는 상태라 금요일이면 시험이 끝나니까 그때 만나자고 약속하고 전화를 끊었다. 시험이 끝나고 별이를 만날 날을 기다리는데 그녀의 어머니에게서 전화가 왔다. 별이가 세상을 떠났다는 거였다. 너무나도 놀라고 다급한 마음에 나는 세수하던 얼굴 그대로 별이네 집으로 달려갔다. 별이는 자살을 했다. 별이가 떨어진 아파트 정원, 꺾어진 나뭇가지, 바닥의 핏자국. 모든 게 너무나 선명했고 그만큼 충격으로 다가왔다.

나는 장례식 내내 울기만 했다. 그녀의 발인 때도 눈이 퉁퉁 부은 채로 그녀의 몸이 뼛가루로 변하고, 납골당에 자리하는 마지막까지도 스스로를 자책하고 또 자책했다. '그깟 기말고사가 뭐라고? 왜 나는 별이가 그렇게도 간절하게 내미는 손을 잡아주지 못했을까? 별이의 요청대로 내가 바로 만나주었더라면 별이는 죽지 않았을 텐데…'

별이가 자살한 이유를 어머니도 모르셨다. 재혼하는 걸 힘들어 했으니까 그것 때문일 수 있겠다는 추정만 할 뿐이었다. 경찰은 마지막 통화 기록이 별이의 남자친구였던 것을 감안해 남자친구와의 다툼이 원인이라고 봤다.

장례식이 다 끝나고 내 앞으로 편지가 한 통 왔다. 놀랍게도 별이한테 온 것이었다. 그녀는 나한테 유서를 써놓은 채 생을 마감했던 것이다.

거기엔 자살의 이유가 명백하게 나와 있었다. 의붓아버지와 의붓아들의 계속된 성폭행이었다. 별이의 마지막 편지에는 이런 내용이 담겨 있었다. 의붓아버지는 엄마가 사랑하는 사람이고, 자신은 어차피 집안에서 이방인이어서 말을 할 래야 할 수도 없었다고, 그래서 견디기 너무 힘들어 이런 선택을 할 수밖에 없었다고, 이렇게밖에 할 수 없어서 너무 미안하고, 언니랑 같이 했던 시간들이 너무 좋았다고.

그 순간 나는 충격과 혼돈의 블랙홀 속으로 빨려들어가고 말았다. 모든 게 혼란의 연속이었다. 창문을 바라보기만 해도 그녀가 떨어지는 환영이 보였다. 밤마다 "언니, 언니" 부르는 그녀의 목소리가 들렸다. 나는 그녀를 죽음으로 내몬 사람들에게 분노하면서 자책했다. 왜 그렇게 착하고 고운 그녀가 그 나쁜 사람들 때문에 스스로 세상을 떠나야 했는지 화가 났다. 그리고 그녀가 그렇게 고통을 당하는 때에 아무것도 하지 못한 나 자신이 너무나 싫었다.

삶과 죽음의 끝, 바라나시에서

나는 방향을 잃어버렸다. 살아가는 목적도, 살아야 할 이유도 더 이상 나한테는 존재하지 않았다. 별이와 함께 나는 모든 것을 잃어버리고 말았다. 그 당시 류시화 시인의 『하늘 호수로 떠난 여행』이란 책이 유행하고 있었다. 나는 그 책을 사서 펼쳤다. 서문에 나오는 '여행자를 위한 시'가 나를 사로잡았다. 아니, 나를 인도로 확 잡아 끌었다.

날이 밝았으니 이제 여행을 떠나야 하리
시간은 과거의 상념 속으로 사라지고
영원의 틈새를 바라본 새처럼 그대 길 떠나야 하리.
다시는 돌아오지 않으리라.
그냥 저 세상 밖으로 걸어가리라.
한때는 불꽃 같은 삶과 바람 같은 죽음을 원했으니
새벽의 문 열고 여행길 나서는 자는 행복하여라.

(중략)

그대가 살아온 삶은 그대가 살지 않은 삶이니
이제 자기의 문에 이르기 위해 그대는
수많은 열리지 않는 문들을 두드려야 하리.
자기 자신과 만나기 위해 모든 이정표에게 길을 물어야 하리.
길은 또 다른 길을 가리키고
세상의 나무 밑이 그대의 여인숙이 되리라.

무작정 인도로

1학기가 끝나자마자 무작정 비행기 표를 끊고 인도로 향했다. 잃어버린 삶의 목적과 이유를 찾기 위해서가 아니었다. 그냥 도망치고 싶었다. 이 세상으로부터, 모든 것으로부터 떠나고 싶었다.

내가 찾아간 곳은 바라나시. 인도인들의 성지 갠지스 강변 도시였다. 유유히 흐르는 강물을 바라보며 나는 한없이 상념에 젖었다. 타들어가는 시체 그리고 그 주위에서 흥정하는 사람들, 뛰어노는 아이들, 장례를 일상처럼 덤덤하게 받아들이는 사람들의 모습, 배를 타다가 걸리는 어린 아이 시체의 한쪽 다리, 그 강물을 성수라며 마시는 사람들, 강 옆에서 자전거를 씻거나 빨래하는 사람들의 모습, 시바 신에게 바치는 제사의식인 아르띠 뿌자를 정성스레 올리는 브라만(승려)들. 한마디로 갠지스 강엔 세상의 모든 것이 다 존재했다.

눈으로는 그러한 낯선 광경들을 응시하면서, 마음속으로는 끊임없이 '인생은 무엇인가?', '나는 누구인가?' 이런 것들을 생각했다. 낯선 땅 낯선 도시 인도로의 여행은 류시화 시인의 말처럼 외부에 있는 어떤 새로운 것을 찾기 위해서가 아닌, 바로 나 자신에게 더 가까이 다가가기 위함이라는 말이 딱 와닿았다.

삶의 모든 감각이 무뎌진 나는 기계처럼 밥을 먹고, 잠을 자고, 남는 시간엔 어김없이 갠지스 강변을 거닐었다. 밥은 주로 한 식당에서만 먹었는데, 밥먹을 때마다 우연히 마주치는 한 여성이 있었다. 처음엔 '또 왔구나' 하고 지나쳤는데 어느 날엔가 합석을 하게 되었다. 서로 통성명을 하고 어디서 왔는지를 얘기했다. 그녀는 프랑스 소르본대학의 교수였다. 전공인 인류학 현장 공부 차 가끔 인도에 온다고 했다. 나는 그녀에게 내 친구 이야기를 조금 꺼냈다. 그랬더니 그녀는 마치 내 슬프고 허무한 심정을 알고 있기나 한 듯이 나에게 이렇게 권하는 것이었다. 사실 누구나 할 수 있는 일반적인 권유였지만 나한테는 그것이 영혼의 느낌표처럼 크게 와닿았다.

갠지스 강은 지상과 하늘을 잇는 강이니 친구에게 편지를 써보는 게 어떻겠냐고 했다. 실제로 인도인들은 갠지스 강이 힌두교의 신인 시바 신의 몸을 타고 땅으로 흘러 내렸고, 다시 신의 나라로 흘러간다고 믿는다. 갠지스 강변에서 시체를 불사르고, 그 유해를 갠지스 강변에 뿌리는 이유다.

나는 그 교수의 말대로 내 친구에게 편지를 썼다. '별이야, 지켜주지 못해 미안해. 나중에 하늘에서 다시 만나면 너에게 부끄럽지 않은 언니가 되고 싶어.' 내 마음을 담아 한 자 한 자 꼭꼭 눌러쓴 편지를 돌돌 말아 빈 병에 넣어 갠지스 강에 띄웠다. 하늘로 흘러가는 갠지스 강물을 따라 부디 내 미안한 마음이 별이에게 전달되기를 빌고 또 빌었다.

갠지스 강변에서

인도인들은 갠지스를 '강가 강'이라고 부른다. '강가'(ganga)는 어머니 신의 이름이기도 하다. 힌두교에서는 강가를 인류의 어머니로 간주한다. 정화와 용서의 신 강가는 갠지스 강에서 강가를 통해 영혼을 정화하고 마침내 천국으로 인도함을 받는다고 믿는다. 영혼의 정화만이 아니라 육신의 병도 갠지스 강의 강가를 통해 치유받을 수 있다고 믿는다. 실제로 갠지스 강에서 치유를 경험했다는 인도 사람들은 너무나 많다. 나는 속으로 내 마음속의 병, 죄의식과 허무, 무목적을 치유해주기를 바랐다.

류시화 시인은 인도의 서북쪽 끝, 파키스탄 국경의 오지 마을 쿠리에서 경험한 주민들의 친절함과 순진함에 반한 자신의 심정을 이렇게 표현했다. "가진 게 없지만 결코 가난하지 않은 따뜻한 사람들의 토담집 위로 별똥별이 하나둘 빗금을 그으며 떨어져 내렸다. 지상에서 살아가고 있는 우리들 역시 저 하늘 호수로부터 먼 여행을 떠나온 별들이 아닐까 하는 생각이 들었다."

나는 틈나는 대로 바라나시의 골목골목, 그리고 바라나시를 벗어나 작은 마을들을 무수히 찾아다녔다. 낯선 풍경들에 놀라기도 하고, 낯선 사람들과 대화도 하면서 나는 내 마음의 병이 치유받기를 바랐다. 나를 다시 찾기를 염원했다. 내 상처 난 양심이 꿰매어지고 구원 얻기를 구했다.

그러다 마더 테레사 수녀가 평생 봉사했던 곳, 영화 '시티 오브 조이'의 도시 캘커타를 가야겠다는 생각이 들었다. 단순 여행을 위해서가 아니었다. 거기서 봉사를 통해 육체를 고되게 하면 생각 자체도 잦아들지 않을까 해서였다. 당시 나는 끊임없이 솟아오르는 슬픔, 허무, 우울 같은 상념으로 나날이 영혼의 고통을 더해가고 있었다.

바라나시에서 삶과 죽음의 다양한 모습, 친구에게 쓴 편지로 인해 어느 정도 해결했다고 생각했지만 그것이 끝이 아니었다.

캘커타는 야간기차를 타고 아마 10시간 넘게 걸렸던 것 같다. 길거리에 앉거나 누운 사람들, 함께 길을 거니는 가축과 사람들, 탁하고 습한 공기에 숨이 멎을 것만 같았다. 하지만 아침마다 기차가 정차하면 짜이와 땅콩을 팔러 올라오는 사람들, 사람들 시선은 아랑곳 하지 않고 어디든지 용변 보러 가는 사람들, 한 밤중에 종착지 정거장에 오자 나를 깨워 내려야 한다고 걱정해주던 델리 대학 학생들, 그런 인도의 이야기들은 그 복잡한 기차 안에서도 또 다른 생의 감각을 느끼게 했다.

그런데 이상했다.

늘 내 마음을 짓누르던 죄의식, 왜 살아가야 하는지 모르겠다는 삶의 공허함과 무력함이 어느 순간부터 잔잔해져 갔다.

이젠 저녁이 되어도 별이의 환청이 들리거나, 울거나, 멍한 눈으로 천장을 보는 일이 없어졌다.

나는 곰곰이 생각해봤다. 내가 언제부터 달라졌을까? 인도에서 봉사할 때일까? 캘커타에 있을 때일까? 아니면 메콩강에서 봉사활동을 할 때일까?

그러고 보니 **"왜 가까운 북한 사람은 구출하지 않아?"** 라는 외국인 활동가의 책망 같은 질문을 받고나서부터 정신이 번쩍 들고 삶의 목적이 생겼던 것 같다.

가까운 곳에서 방황하는 내 동족 북한 여성들도 도와주지 못하면서, 먼 이곳에 와서 타국의 여성들을 돕는다는 건 이타적이긴 하지만 이율배반적인 것이기도 한 것이었다.

외국인 활동가의 그 말은 터널처럼 캄캄하던 내 마음속에 한 줄기 선명한 빛이었던 것이다.

인신매매 구출 현장

　나는 육체를 고되게 하고 싶었다. 그렇게 해서 삶과 죽음의 경계에서 생기는 이 마음속 번민, 고통을 잊어버리고 싶었다. 마더 테레사 수녀님이 평생 몸담았던 캘커타의 봉사단체를 찾아가기도 했다. 지체장애인들을 돕고, 노인들을 수발하기도 했다. 닥치는 대로 모든 일을 다 해보고 싶었다.

　평생을 헐벗고 배고팠던 사람들과 불구자, 나환자, 맹인을 돌보았던 마더 테레사의 흔적이 캘커타 곳곳에 남아 있었다. 나도 테레사처럼 수녀가 되어 평생 이름 없이, 이름 없는 사람들을 위해, 이름 없는 곳에서 살다 세상을 떠나고 싶었다. 세상에서 잊혀진 존재가 되고 싶었다.

　마더 테레사의 이 말이 가슴에 남았다. "저희가 하는 일은 넓은 바다의 물방울 하나에 불과하지만 저희가 아니면 그 물방울마저 영원히 사라지고 말 것입니다."

그러던 어느 날, 특별한 봉사를 접했다. 내가 안내를 받아 간 곳은 빈 집처럼 허름한 곳이었다. '이곳에서 무슨 봉사를 하지?' 하는 생각으로 따라 들어갔더니 거기엔 10여 명의 10대로 보이는 여자 아이들이 몸을 숨기고 있었다. 인신매매에서 구출된 아이들이라고 했다. 말로만 듣던 인신매매 아이들을 접한 것이다.

인신매매 구출 봉사

봉사단체 사람들로부터 설명을 듣는데 소름이 돋았다. 인도에서는 매년 수만 명의 어린이들이 전국에서 실종되고 있다고 한다. 그들 중 남자 아이들은 노예노동으로, 여자 아이들은 대부분 성매매로 팔려간다는 것이었다. 물론 그 중에는 납치도 있지만 대부분은 부모나 친척이 돈을 받고 업자들에게 정식으로 팔아넘긴다는 것이었다.

공식적으로 거래된 것이기 때문에 봉사단체에서도 몰래 빼내올 수가 없다. 돈을 지불하고 되사와야 했다. 한 사람당 비용은 대략 300달러였다. 그것이 극빈층 가족들에게는 목돈으로, 업자들에게는 엄청난 비즈니스가 되고 있었다. 어린이 인신매매 '시장 규모'는 연간 수백만 달러 이상일 거라고 했다.

두려움에 사로잡힌 채 커다란 눈망울로 우리를 쳐다보는 아이들을 보며 나는 속으로 울음을 삼켰다. 부모들의 가난 때문에 아이들을 희생시키는 나라, 그것은 다른 나라의 이야기가 아니었다. 우리도 그런 희생의 터 위에 산업화를 이루었다. 우리가 발 딛고 선 그럴듯한 성과 뒤엔 반드시 누군가의 희생이, 우리 엄마, 할머니들의 헌신이 있었던 것이다.

인신매매 구출 대상은 끝이 없었다. 정부는 도대체 뭘 하고 있는 건지, 인권 단체들은 다 어디로 간 건지, 부모들은 꼭 이런 방법밖에 없었던 건지, 의문과 분노가 끊이지 않고 솟아났다. 의문들 하나하나는 봉사를 하면서 자연스럽게 해소되어 갔다. 그 중 하나가 인신매매가 근절되기 힘든 이유였다. 그것은 인신매매 조직은 대부분 극빈층 가정만을 대상으로 하는데 그 이유는 극빈층 가정은 지독하게 가난한 탓에 인신매매 같은 극단적인 방법을 통해서만 가난을 해소할 수 있기 때문이었다. 또한, 이곳에서 어린이 인신매매 문제가 심각하게 받아들여지지 않는 것은 극빈층이 아닌 대다수의 국민들이 자신들의 문제로 보지 않기 때문이었다. 어느 정도 수긍이 가면서도, 다 이해할 수 없었던 인도 사회의 단면이었다.

어느 날은 인도를 넘어 태국의 메콩강까지 봉사를 다닐 때도 있었다. 인도차이나 반도의 메콩강 유역은 풍부한 농산물로도 유명한 곡창지대이지만 세계적인 인신매매로도 못지않게 이름난 곳이었다. 거기서는 인도 아이들뿐만 아니라 미얀마, 캄보디아, 라오스에서 팔려온 아이들도 볼 수 있었다. 아이만 아니라 어른들도 인신매매로 거래되는 곳이었다.

한 해 수십만 명이 이곳에서 인신매매로 국제 거래되고 있다는 게 봉사하는 분들의 설명이었다. 그리고 전세계적으로는 한 해 2,500만 명이 인신매매로 거래되고 있다고 했다. 우리나라 인구의 절반 가까운 숫자였다. 그리고 이는 150조원의 거대한 시장을 형성하고 있었다. 어쩌면 거대한 산업으로 자리 잡은 인신매매 현상 앞에서 몇 명씩 돈을 주고 사오는 우리 봉사단체의 활동은 너무나 초라하게 느껴졌다.

메콩강에서 거래되는 아이들의 상황도 비슷했다. 원인은 가난 때문이었다. 결혼해서 보내려면 지참금도 내야 하니까 그럴 바에야 차라리 돈을 받고 인신매매로 넘겨버린다는 것이었다. 그렇게 해서 여자 아이들은 사창가로, 남자 아이들은 노동 현장에 투입된다는 것이었다.

메콩강에서의 봉사활동은 아이들을 찾아 몸값을 지불하여 빼오는 일이었다. 그런데 그 몸값이 사람에 따라 차이가 있었다. 우리는 최대한 아이들을 성폭력이나 성착취로부터 지키기 위해 성매매 조직과 싸우고 협상을 했다. 그렇게 해서 빼내온 아이들이 적지 않았다.

"왜 가까운 북한 사람은 구출하지 않니?"

그런데 어느 때부턴가 나랑 피부색, 생김새가 비슷한 여자 아이들이 눈에 띄었다. 내 예상이 맞았다. 이 아이들은 북한에서 탈출해서 중국을 거쳐 제3국으로 가기 위해 메콩강을 따라온 북향민 여성들이었다. 나와 함께 봉사활동을 하던 아일랜드 출신의 활동가가 내게 불쑥 이렇게 말하는 거였다. "너는 왜 멀리 있는 인도 사람은 구출하면서 너희 나라와 가까이 있는 동족 북한 사람은 구출하지 않는 거야?" 그것은 질문이 아니라 따가운 책망이었다.

이곳 북한 소녀들은 남한 남자들의 희생양들이기도 했다. 동남아시아로 성매매를 하러 온 남한 남자들이 같은 조선어가 통하는 여자면 10

배, 처녀이면 20배를 더 준다고 하니 동남아 포주들이 북한 처녀들을 선호할 수밖에 없는 이유였다. 사창가에서 옷을 입고 고개 숙이고 있는 북한 아이들을 보며 너무 마음이 아팠다. 그 아이들의 손을 잡고 구출해 올 때마다 나는 내 자매나 친구를 구한 것처럼 깊은 안도의 숨을 내쉬었다.

그런데 이상했다. 늘 내 마음을 짓누르던 죄의식, 왜 살아가야 하는지 모르겠다는 삶의 공허함과 무력함이 어느 순간부터 잔잔해져 갔다. 이젠 저녁이 되어도 별이의 환청이 들리거나, 울거나, 멍한 눈으로 천장을 보는 일이 없어졌다.

나는 곰곰이 생각해봤다. 내가 언제부터 달라졌을까? 인도에서 봉사할 때일까? 캘커타에 있을 때일까? 아니면 메콩강에서 봉사활동을 할 때일까?

그러고 보니 "너희 동족인 북한 사람은 왜 구출하지 않느냐?"는 외국인 활동가의 책망 같은 질문을 받고나서부터 정신이 번쩍 들고 삶의 목적이 생겼던 것 같다. 가까운 곳에서 방황하는 내 동족 북한 여성들도 도와주지 못하면서, 먼 이곳에 와서 타국의 여성들을 돕는다는 건 이타적이긴 하지만 이율배반적인 것이기도 한 것이었다. 외국인 활동가의 그 말은 터널처럼 캄캄하던 내 마음속에 한 줄기 선명한 빛이었던 것이다.

나는 전공도 정치외교학이다. 법과는 거리가 있다.

그런데 제대로 된 북한인권 옹호활동을 하려면 내가 변호사가 되는 게 최선이었다. 아예 북향민을 도와드리는 변호사가 되어야겠다고 결심했다.

그렇게 해서 무작정 로스쿨에 들어가고 법 공부를 시작했는데, 너무나 어려웠다. 단순하고 무식하니까 '해야지' 하는 마음에 용기를 낸 것인데, 그렇게 어려울 줄은 몰랐다. 힘들다고 물러설 수도 없었다.

두꺼운 책 수십 권을 거의 다 외워야지 시험을 볼 수 있었는데, 하루 3시간만 자고 공부에 몰두했다.

체력이 달려 병원 응급실에도 여러 번 실려 갔다. 법에 대한 지식은 부족하지, 머리와 체력의 한계는 있지, 그렇다 보니 시험 공부를 하다가 하혈도 했다. **그렇게 몸이 거의 다 망가진 상태로 나는 변호사 시험에 합격했다.**

북한인권 변호사가 되어

나는 한국에 돌아와 어느 북향민(북한이탈주민) 단체에 투신했다. 수업은 하루에 몰아서 듣고 탈북자 단체에 올인하다시피 했다. 동족인 북한 사람을 구하는 게 나의 소명이었기 때문이다.

그런데 어처구니 없는 일이 벌어졌다. 탈북자 단체에서 탈북자한테 성추행을 당한 것이다. 그 날은 단체에서 회식을 하고 유흥 주점에서 2차가 있었다. 화장실에 앉아 있는데 누군가 문을 막 흔들더니 이내 부수고 들어온 것이다. 같은 단체의 A씨였다.

놀라서 소리 지를 틈도 없었다. 나는 바로 그 날 이 사실을 단체 대표에게 얘기했다. 그는 미안하다고 하면서도 "그 사람은 북한에서도 강간범이라서 도망 나온 사람이다. 한국에서도 그런 짓을 할 줄 몰랐다. 하지만 오늘 당한 사실을 밖에 얘기하면 우리 단체가 없어진다"며 입막음을 하는 것이었다. 나 때문에 단체가 없어질 수도 있다니, 억울하긴 했지만 나는 고심 끝에 어쩔 수 없이 입을 닫아야 했다.

그리고 그 일이 있고 10여 년이 지나서였다. 우리 사회에 감춰져 있던 불편한 진실들을 피해자인 여성들이 터뜨리기 시작했다. 이른바 '미투' 운동이다. 나는 당시 남한에서 성폭행을 당한 북향 여성을 공익 변호해 주고 있었다. 그런데 나는 마치 아무 일 없었던 것처럼 그 피해자들을 상담하고 도와주는 게 미안했다.

피해자인 북향 여성은 스스로를 자책하며 자살기도까지 했다. 그런 모습을 보며 나는 '당신들 잘못이 아니다. 나 같은 사람도 당했다. 그러니 제발 스스로 세상을 떠나지 말아달라'고 호소하고 싶었다.

마침 기회가 왔다. 나는 2020년 8월 3일 국회 외교통일위원회 참고인으로 출석했다. 그리고 오래 전 내가 경험했던, 10여년이 지난 지금도 반복되고 있는 현실에 대해 '미투'했다.

국회에서 '미투'하다

내가 국회와 언론 인터뷰를 통해서 밝힌 내용은 모든 북한인권 단체가 후원금을 유흥비로 쓴다는 게 아니었다. 일부 단체에서 그런 일들이 있었고, 따라서 그것을 개선해야 한다는 것이었다. 대북전단의 유효성에 대해 의구심을 가진 상태에서, 후원금을 더 끌어모으기 위해 극적인 이벤트를 벌이는 게 결코 바람직하지 않다는 것이었다. 몇몇은 노동 착취에 이어 성착취를 당하기도 했다는 것도 알려야 했다. 외부 지원을 받는다면 투명한 운영과 외부의 회계감사는 당연한 것이었다. 나는 당시 내가 보고 느꼈던 것을 국회에서 솔직하게 증언했다.

그런데 진실에 대한 후폭풍은 만만치 않았다. 가족, 지인들로부터 "어떻게 성폭행 당했다는 얘기를 공론화할 수 있느냐?", "북한인권에 대해서 알기는 하는 것이냐?" 등등 참기 힘든 비난들이 쏟아졌다. 나는 묵묵히 감내했다. 옳은 길을 걷는 것에 대한 대가이거니 생각했다.

탈북자 단체가 북한인권 활동을 할 때 중국에 가야 하는 경우가 종종 있다. 중국에 체류하고 있는 탈북 여성들 구출 활동을 위해서였다. 그런데 그 활동이라는 것이 마치 영화에서나 나올 법한 드라마틱한 것이다. 탈북 여성들은 많은 경우 브로커들과 연결되어 있었다.

그들이 중국과의 국경선을 넘자마자 트럭이 기다린다. 그러면 브로커가 제시하는 3가지 중 하나를 택해야 한다. 장기 매매, 성 매매, 중국 농촌 사람한테 시집가는 것. 대부분은 세 번째를 선택한다.

그렇게 선택한 여성들은 트럭에서 대기한다. 밥도 쫄쫄 굶으면서 인원이 찰 때까지 마냥 기다린다. 드디어 인원이 다 채워지면 농촌 사람들의 리스트를 따라 보내지는 것이다. 탈북 여성들이 팔려가는 농촌 남자들은, 중국 여자들이 기피하는, 빚이 많아 생활능력이 안 되는 사람들이 대부분이다. 탈북 여성들은 이런 중국 남자들에게 팔려가서 일을 해서 남편의 빚을 대신 갚거나, 아기를 몇 명 이상 낳을 때까지 집에서 갇혀 지내야 한다.

나는 그런 탈북 여성들의 처절한 현실을 보면서 진정한 북한인권이 무엇인지 고민하지 않을 수 없었다. 이들의 처지를 개선하는 데 조금이라도 도움이 되고 싶었다.

우여곡절 끝에 남한에 오는 탈북자들은 또 다른 우여곡절을 겪어야 한다. 북한에서는 남한처럼 약이 흔하지 않다. 흔한 진통제 하나 제대로 없어서 어릴 적부터 자기 집 뒤 텃밭에 대마초나 양귀비 같은 마약류를 키운다. 그걸 만병통치약이라고 해서 어디가 아플 때마다 먹는다. 그러니 어릴 때부터 마약에 중독이 되는 것이다.

남한에 오는 탈북자 중엔 한국에 입국했을 때 혈액 채취나 머리카락 채취를 통해 '마약 양성자'가 되는 경우가 많다. 그런 경우는 바로 감옥행이다. 북한에서는 약으로 먹었지만 남한에서는 그걸 마약으로 단속하니 탈북자로서는 황당하고 억울할 수밖에 없는 것이다.

이 사실을 알고 몇몇 변호사들한테 "좀 도와주십시오"라고 요청하면 "알았다"고 해놓고 감감무소식이었다. 그렇다고 탓할 수도 없었다. 변호사들이 너무 바쁘니까, 또 탈북자 소송은 대체로 돈이 안 되니까 잘 맡으려 하지 않는 것이다.

북향민을 위한 변호사가 되다

그런 사건을 여러 번 겪으면서 고민 끝에 나는 스스로 변호사가 되기로 결심했다. 이렇게 말하면 사람들이 오해를 할 것이다. 내가 머리가 좋아서 마음만 먹으면 변호사도 쉽게 될 수 있나보다 라고. 전혀 그렇지 않다. 내 별명은 '단무'다. 단순 무식. 내가 해야 하는 것이라면 그것이 물이든 불이든 가리지 않고 뛰어든다는 것이다.

나는 전공도 정치외교학이다. 법과는 거리가 있다. 그런데 제대로 된 북한인권 옹호활동을 하려면 내가 변호사가 되는 게 최선이었다. 달리 방법이 없었다. 나는 '이럴 거면 내가 변호사가 되어서 도와드려야겠다. 아예 북향민을 도와드리는 변호사가 되어야겠다'고 결심했다.

그렇게 해서 무작정 로스쿨에 들어가고 법 공부를 시작했는데, 너무나 어려웠다. 법 공부가 그렇게 힘든 줄 사전에 알았다면 절대 뛰어들지 않았을 것이다. 단순하고 무식하니까 '해야지' 하는 마음에 용기를 낸 것인데, 그렇게 어려울 줄은 몰랐다. 힘들다고 물러설 수도 없었다.

두꺼운 책 수십 권을 거의 다 외워야지 시험을 볼 수 있었는데, 하루 3시간만 자고 공부에 몰두했다. 체력이 달려 병원 응급실에도 여러 번 실려 갔다. 법에 대한 지식은 부족하지, 머리와 체력의 한계는 있지, 그렇다 보니 시험 공부를 하다가 하혈도 했다. 그렇게 몸이 거의 다 망가진 상태로 나는 변호사 시험에 합격했다.

나는 법 공부 전, 다짐했던 대로 북향민들을 담당하는 변호사, 그러니까 돈 안 받고 변호하는 프로보노(공익 변호사)가 되기로 했다. 여의도의 오래된 건물에 굿로이어스 공익제보센터 사무실을 차렸다.

지금도 내 명함에는 이름 앞에 '북한인권 변호사'가 박혀 있다. 그냥 인권 변호사가 아니라 북한인권 변호사다. 그렇게 하다 보니 여러 북향민들로부터 연락이 왔다. 북향민과 관련된 온갖 사건이었다. 마약 사건 말고도 사기, 이혼, 그리고 국가보안법 때문에 연락이 오는 경우도 있었다. 많은 이들이 알고 있듯이 북향민들의 상당수는 북한에 가족, 친척을 두고 남한에 온다. 이들은 가족 안부를 묻기 위해 브로커를 통해 전화

통화를 하고 돈도 보낸다. 그런데 이게 국가보안법상의 '회합, 통신' 적용을 받을 때도 있다. 무시무시한 국가보안법 사건도 알고 나면 다소 코미디 같을 때가 있다.

북한에 있는 가족을 만나러 갔다는 이유로 국가보안법의 '간첩'이 되기도 한다. 간첩죄는 사형까지 처할 수 있는 중범죄다.

사람들은 내가 변호사라고 하면 돈을 잘 벌 줄로 생각한다. 프로보노는 말 그대로 변호사 활동으로는 한 푼의 수임료도 받지 않는 사람이다. 오직 공익을 위해, 사회적 약자를 위해 변호하는 사람이다. 대가를 바라지 않는다. 나는 사회적 약자 중에서도 탈북자, 그 중에서도 사각지대에 있는 탈북 여성들을 전적으로 돕는다. 그들은 북향민 가족의 어머니이자 누나, 언니, 여동생이기도 하다.

그렇다 보니 내가 생활을 어떻게 할지 궁금해 하는 사람들이 많다. 나는 대신 대학에서 강의를 한다. 대학 강의에서 받는 돈으로 생활을 하고 북향민 소송 활동을 한다. 예를 들어, 재판에 증거자료로 제출하기 위한 녹취록은 속기사에게 맡겨야 한다. 보통 한 시간짜리가 10~20만원, 소송 한 건당 수십 개의 녹음 파일이 필요한 경우도 있는데, 녹취 비용만 몇 백만 원이 들 때도 있다. 이 비용 또한 오롯이 공익 변호사의 몫이다. 그러니까 아르바이트를 해서 소송 비용을 충당하고 있는 변호사인 셈이다.

남들은 '그런 일 하지 말고 돈 되는 일을 맡으라'고 하지만 그때마다 피식 웃고 만다. 공익 변론을 하면서 얻은 것들도 많다. 그 중 가장 큰 것은 한반도의 분단, 평화에 대해 고민하고 공부하며 꿈을 갖기 시작한 것이다.

내 이름이 점점 알려지자 고향 군산에서도 연락이 왔다. 군산에서 일하는 시민단체 분들이 군산 지역의 여러 가지 문제점들을 얘기하면서 군산의 발전을 위해서 일해 달라는 것이었다. 그러면서 내 아버지가 어떤 일을 하시는지 물었다. 나는 있는 그대로 이야기했다.

"자영업을 하십니다."

"무슨 자영업요?"

"군산에서 조그만 전파사를 하십니다."

그 말에 상대방의 전화기가 한 5초 쯤 조용해졌다. 나에게 아버지의 직업을 물었던 시민단체 관계자 분은 틀림없이 나의 아버지가 정치인이거나 최소한 지역의 유력 인사 정도는 될 걸로 생각했던 것 같다. 그 충격이 어느 정도였을지는 그 침묵의 시간을 고려할 때 충분히 짐작이 가고도 남았다.

전파사 집 첫째 딸

 나는 소위 말하는 '스카이(SKY)' 출신에 변호사로 일하고 있다. 거기다 제1야당 더불어민주당의 상근부대변인, 정책위원회 부의장, 전당대회 준비위원 등을 거쳤다. 법무부에서도 근무했고, 통일부 유관기관에서도 자문위원을 했다. 민주당 상근부대변인을 하면서는 내·외신 기자들 하고도 친분을 쌓았다. 누구든지 이런 나를 '탄탄한 사다리로 어떤 유리천장도 다 깨뜨릴 수 있는 엘리트 여성'으로 여길 것이다.
 어느 날 아침, 같은 당에서 일하는 분한테서 전화가 왔다.
 "수미야, 통화 가능해?"
 "응, 언니 왜?"
 "대박사건! 너에 대해 기자들 사이에서 소문이 돌고 있대?"
 "응? 웬 소문? 뭔데?"

언니가 말한 소문인즉슨, 내가 모 도지사의 조카이고, 도지사와의 관계 회복을 위해 특정 계파가 나를 최고위원으로 민다는 것이었다. 이런 일이 처음은 아니었기에 그냥 웃어 넘겼다.

법무부에서 변호사로 일하기

문재인 정부 초기였다. 검찰개혁의 일환으로 정부 부처의 탈 검찰화가 착착 진행되고 있었다.

특히 법무부는 검사들이 정치 쪽 아니면 고위 공직으로 나아가기 위한 관문 같은 곳이었다. 실장이나 국장, 본부장 등 법무부의 7개 직위 중 6개 직위를 차지했던 검사는 이제 3명으로 줄었고, 검찰국을 제외한 나머지 실·국·본부의 과장 직위도 일반직으로 개방한 상태였다. 그리고 그동안 검사들이 맡아 왔던 법무실과 인권국의 행정사무관도 변호사들이 맡도록 하고 공개 채용을 했다.

나도 평소 소신이었던 검찰 개혁과 정부 부처 경험을 쌓기 위해 몇 대 일, 수십 대 일의 경쟁 관문에 뛰어들었다. 그리고 감사하게도 다른 8명의 변호사들과 함께 합격 통보를 받았다. 9명 신임 사무관들의 역할은 '탈 검찰화'에 속도를 내고 결과물을 만드는 거였다.

그런데 법무부의 실상은 '과연!'이란 감탄사가 나올 만큼 검사들의 조직 문화가 탄탄하게 또아리를 틀고 있었다. 내가 맡은 업무는 법무실 통일법무과에서 통일 후의 법제를 다듬고 준비하는 일이었다. 원래는 수석검사가 맡던 자리였는데, 내가 들어가자 자리가 구석으로 배치되어 있었다. 그리고 앞서 근무했던 담당자는 자신이 일했던 2년치 자료를 모두 없애 버린 상태였다. 나는 그런 상황에서 신임 사무관으로 일을 시작했다. 법무부 내 검사들은 "역시나 '탈검찰화'로 들어온 변호사들은 일을 못한다"며 여기저기서 비웃었다. 일을 못하는 게 아니라 일을 배제하는 것이었다.

당시는 평창 동계올림픽을 계기로 남북이 교류협력하는 모드였다. 관련한 기획안을 올렸는데 윗선로부터 "이건 국무총리실에서 해야 할 사안"이라며 거절했다. 차후 교류협력 방안 기획안 작성을 위해 자료를 요청하면 "10년 전 진보 정권에서 추진했던 자료를 보면 된다"며 10년 전 기획안을 그대로 보내주는 것이었다. 그러니까 진보 정권이 들어서면 과거 진보 정권 자료를 그대로 활용하고, 보수 정권이 들어서면 과거 보수 정권 때의 자료를 활용하고 있었던 것이다. 이렇게 정권 입맛에 따라 남북관계가 좌지우지되다 보니 남북관계가 도저히 앞으로 나아갈 수 없는 것이구나 하는 걸 그때 깨달았다. 한탄이 절로 나왔다.

법무부의 조직 문화도 가관이었다. 마치 군대 조직을 보는 것 같았다. 길을 갈 때 직급이 낮은 사람은 직급이 높은 사람보다 앞서서 갈 수가 없었다. 가장 막내는 가장 먼저 달려가 상관들을 위해 엘리베이터를 잡고 대기해야 했다. 각 과나 실의 장이 퇴근하기 전까지는 아무도 퇴근할 수가 없었다. 다들 메신저에서 상관이 로그아웃 하는 걸 보고 나서야 자리를 정비했다. 상관이 사무실 밖으로 나갈 때까지 서서 인사준비를 하고, 사무실 밖까지 나가면 그때서야 퇴근 준비를 해야 했다. 정권이 바뀌었는데도 법무부에서 노동자의 인권은 여전히 부재했다.

결정적인 것은 법과 정부의 복무규정에 있는 제도를 실시하려 하자 선례가 없다며 막아선 것이었다. 육아를 위해 유연근무제를 신청하려 하자 곧바로 "제도가 있다고 다 신청하는 사람이 어디 있냐?"며 핀잔이 돌아왔다. 아직 법무부에는 유연근무제를 사용한 선례가 없다는 이유로 나의 신청을 못마땅해 했다. 선례를 만들라고 정부에서 제도를 만들었지만, 선례가 없다고 있는 제도를 사용하지 못하게 막은 것이다.

그 즈음, 법무부 기조실장을 모시고 대화하는 자리가 마련됐다. 기조실장이 법무부에 바라는 점, 법무부에서 바꾸어야 할 점에 대해 솔직히 이야기해 달라고 요청했다. 나는 평소에 경험했고 생각했던 것을 과감 없이 그 자리에서 이야기했다. 여러 가지를 이야기했지만 핵심은 법무부의 위계적 문화에 대해 지적하고 이러한 점들이 개선되면 법무부가 더 발전할 수 있을 것 같다는 내용이었다.

그후 대학으로 가게 되어 법무부를 퇴사했다. 퇴사하고 얼마가 지났을 때 이상한 소문이 법무부에 돌았다. 소문이 돌고 돌아 내 귀에도 그 소문이 들어왔다. 참으로 놀라웠다. 내가 기조실장에게 할 말 다하고 나서 법무부를 박차고 나온 것은 내 아버지가 문재인 대통령의 최측근으로 청와대에 근무하기 때문이라는 것이었다. 그 얘길 듣고 한참을 웃었다. 본인이 생각하는 것을 상사에게 말할 수 있는 사람은 아버지가 청와대에 있어야만 가능하다는 생각 자체가 웃음이 나왔다. 나의 눈에 법무부는 조선시대에 머물러 있는 조직이었고, 그들 눈에 나는 이상한 나라의 앨리스였으리라.

그래 나는 이방인이다

내가 어떤 직책을 맡게 될 때는 '해야 한다'는 사명감인 경우가 99%였다. 나는 대학생 때부터 지금까지 북향민들을 돕고 한반도 평화를 위하는 것을 내 사명으로 받아들이고 있다. 그 일을 위해서 탈북자 단체에서 봉사활동을 했고, 변호사가 되었다. 그 활동을 하면서 차츰 전문성을 인정받다 보니 민주당을 비롯한 여기저기서 나를 불렀다. 나는 소수자의 목소리를 반영하고 인권 전반을 다루는 민주당이 내 사명과 맞아서 민주당에서도 열심히 일해 왔다. 그런데 당에서 상근부대변인, 전당대회 준비위원 등 직책을 맡다 보니 자연스레 나한테 어떤 '빽'이 있을 거라고 생각들을 하는 것 같았다. 그런 빽이 있기에 법무부 기조실장한테 할 말을 다 한 것이라고 생각했던 것이다. 그도 그럴 것이 법무부 기조실장은 검사장 출신이 맡고 있었으니 말이다.

내 이름이 점점 알려지자 고향 군산에서도 연락이 왔다. 군산에서 일하는 시민단체 분들이 군산 지역의 여러 가지 문제점들을 얘기하면서 군산의 발전을 위해서 일해 달라는 것이었다. 그러면서 내 아버지가 어떤 일을 하시는지 물었다. 아마, 딴에는 군산의 유지로 생각했던 것 같다. 나는 있는 그대로 이야기했다.

"자영업을 하십니다."

"무슨 자영업요?"

"군산에서 조그만 전파사를 하십니다."

그 말에 상대방의 전화기가 한 5초 쯤 조용해졌다. 나에게 아버지의 직업을 물었던 시민단체 관계자 분은 틀림없이 나의 아버지가 정치인이거나 최소한 지역의 유력 인사 정도는 될 걸로 생각했던 것 같다. 그 충격이 어느 정도였을지는 그 침묵의 시간을 고려할 때 충분히 짐작이 가고도 남았다.

그 시민단체 분의 충격은 전혀 이상한 것이 아니었다. 그만큼 한국 사회에서 여성이 어떠한 역할을 하기 위해서는 부모가 유력한 인사이거나 적어도 부모가 그 분야에서 힘이 있는 사람이어야 했다. 그렇지 않은 경우 여성이 어떤 역할을 하기에는 그 관문이 너무나 험하고 좁았다. 심지어 특정 대학 출신임을 요구하기도 했다.

"OO여대 몇 학번이죠?" 어느 날, 시민단체의 한 분이 나에게 자연스럽게 질문을 해왔다. 그 여성은 여성인권운동을 하는 분으로 내가 탈북여성 인권운동을 하니 당연히 그 대학 후배라고 생각했던 것 같다. 진보 쪽에서 여성운동을 하는 사람이라면 으레 그 대학 출신이 많았기 때문이다. 내가 그 대학 출신이 아니라고 하자 잠시 놀란 듯 침묵이 흘렀다.

여성인권운동을 하려면 특정 대학을 나와야 하고, 정치에 입문하려면 부모님이나 친척이 정계에 있어야 가능한 것이 인정하긴 싫지만 대한민국의 현주소였다. 그런데 그 말에 더욱 오기가 발동했다. 그렇다면 특정 대학 출신이나 부모가 유력 인사가 아닌 여성이 정치에 뛰어드는 것은 무모하거나 불가능한 것이란 얘긴데, 그런 정치, 그런 사회는 내 상식에도, 대한민국의 위상에도 맞지 않기 때문이다. 내가 그런 조직, 그런 문화를 접할 때마다 스스로를 무모한 도전, 이방인이라고 느끼면서도 이 길을 걸어가고 있는 이유다.

물론 그런 나도 하나의 약한 인간이기에 수많은 편견과 폭언과 시련에 피를 흘려야 했다. 하지만 그때마다 나를 손잡아 일으켜주는 분이 있다.

> 주님이 홀로 가신 그 길 나도 따라가오
> 모든 물과 피를 흘리신 그 길을 나도 가오
> 험한 산도 나는 괜찮소
> 바다 끝이라도 나는 괜찮소
> 죽어가는 저들을 위해 나를 버리길 바라오
> 아버지 나를 보내주오

힘들고 좌절될 때마다 나는 해금을 꺼내 '사명'을 연주한다. 그 힘으로 하루하루를 버티며 일어선다. 아마도 내가 죽는 그 날까지, 이 노래를 부르며 한 걸음씩 나아가야 할 것 같다.

화가의 꿈,
문화외교관의 꿈

어릴 적 내 꿈은 화가였다. 그냥 그림 그리는 게 좋았다. 그림을 그리고 있을 때면 마냥 그 속에서 꿈의 나래를 폈다. 데생을 할 때면 내가 비너스가 되기도 했고, 다비드의 여자 친구가 되기도 했다. 수채화를 그릴 때면 마치 캔버스 속에 뛰어 들어간 사람처럼 자연 속을 거닐고 그림 속 꽃내음을 맡곤 했다. 그림을 그리며 들었던 라디오의 음악들, '작은 연못', '아침 이슬' 등의 노래들은 아직도 내 가슴을 뛰게 한다.

나의 그림 열정은 전적으로 엄마한테서 온 것이었다. 엄마의 손재주는 엄청났다. 집안의 커튼이며 이불, 책상과 의자 등 일상적이고 평범한 것들은 늘 엄마의 손을 거쳐 예술작품으로 탄생했다. 내 돌 사진 뒤엔 예쁜 병풍이 있었는데 엄마가 직접 자수를 놓은 거였다. 나는 그런 엄마를 닮아 손으로 그림을 그리고 뭔가를 만드는 걸 좋아했다.

그림을 워낙 좋아하다 보니 대회에도 여러 번 나갔다. 군산은 물론 전주, 서울로도 다녔다. 진학은 서울에 있는 미대로 할 거고, 대학 졸업 후엔 화실도 차리고 해외의 화랑도 다니고 국제전시회도 할 거라고 다짐했다. 누가 뭐래도 나는 화가였다.

쫄딱 망하다

그런데 중학교에 진학하면서 집안 사정이 달라졌다. 부모님은 말 그대로 법 없이도 사실 수 있는, 성실 그 자체인 분들이셨다. 늘 사람을 백 퍼센트 신뢰하는 분들이셨다. 그러니 한번 거래한 고객은 거의 평생 아빠의 가게를 찾게 되는 것 같다. 아빠와 엄마는 그런 성실함으로 돈을 모으셨고, 그 전 재산을 저축은행에 맡기셨다. 오래 거래해 왔던 곳이기에 전적으로 믿었던 것이다.

그런데 어느 날, 저축은행 직원이 거액의 고객 돈을 가지고 사라졌다. 중앙 언론에도 날 만큼 큰 사건이었다. 그 직원의 행방을 수소문했지만 찾을 수 없었다. 결국 며칠 후 해외로 도피했다고 경찰이 알려주었다.

아빠와 엄마는 망연자실하셨다. 우리 집은 쫄딱 망하는 신세가 됐다. 그래도 아빠와 엄마는 "다 괜찮을 거야"라며 위로하셨다. 하지만 일상은 달라졌다. 당장 매일 다니던 미술학원을 끊을 수밖에 없었다. 결국 미대 진학의 가능성도, 화가의 꿈도 모두 날아가 버렸다.

살짝 아빠에 대한 원망도 생겼다. '왜 바보같이 그렇게 사람을 믿냐?'고 속으로만 따지고 있었다. 사실, 저축은행뿐만 아니라 그 전에도 크고 작은 사건이 있었다. 아빠가 주인인 전파사엔 직원이 있었는데, 아빠가 재정관리를 잘못해서 그 직원이 가게 돈을 함부로 쓰는 경우가 있었다. 그럴 때면 아빠는 "그래도 사람을 믿어야지"하며 직원을 내쫓지 않으셨다. 나는 그런 아빠가 이해가 안 되었지만 아빠의 사람에 대한 믿음과 성실함이 싫진 않았다.

결국 나는 화가의 꿈이 날아가 버린 현실을 받아들여야 했다. 공부에 전념했다. 그러다 고등학교에 진학하니 새로운 꿈이 생겼다. '문화외교관'이었다. 그런데 왜 그냥 외교관이 아닌 문화 외교관이었을까?

우리나라는 땅은 좁고 인구는 많았다. 자원도 부족했다. 하지만 문화의 잠재성은 엄청났다. 아마도 내가 꿈꾸던 화가, 엄마의 현란한 손재주, 그리고 전라도 군산에서 일상적으로 봐왔던 오래된 건물, 거리, 노래, 역사, 자연 이런 것들이 자연스럽게 '우리나라는 문화의 잠재력이 엄청나구나'하는 생각을 갖게 했던 것 같다.

어릴 때 영화출연 경험도 그런 생각에 한몫했던 것 같다. 군산국민학교는 일제 강점기에 지어진 건물이었다. 이 때문에 일본 사람들이 자신들이 다니던 학교라며 방문을 하곤 했다. 집 근처 초원사진관에서 '8월의 크리스마스' 영화 촬영이 있었는데, 운 좋게도 촬영 장소 근처를 지나가다가 사진관 앞을 지나가는 행인의 역할을 맡게 되었다. 눈앞에서 본 심은하의 아름다운 모습에 입을 다물지 못했고, 한석규의 따뜻한 미소에 마냥 행복했던 기억이 난다. 근대의 문화, 발전되지 못한 건물들이 곳곳에 남아 있는 군산은 역설적이게도 영화인들이 사랑하는 공간이기도 했다.

또한 군산엔 '이성당'이라는 유명한 빵집이 있다. 원래는 일제 강점기 때 화과자로 유명했었는데 해방 후 배웠던 앙금 기술을 바탕으로 지금처럼 전국적으로 유명한 빵집을 일궜다고 한다. 군산의 역사인 일제 강점기 시대 건물들을 보며 다시는 치욕스러운 역사를 반복하지 않겠다는 항일 정신, 8월의 크리스마스, 말죽거리 잔혹사, 타짜 등 내로라하는 영화들을 촬영하게 만드는 군산만의 매력, 또 이런 군산의 매력을 선호하는 주한 미군들과 일본인들을 보면서 문화의 힘을 어릴 때부터 느꼈던 것이다.

문화외교관을 꿈꾸다

난 어릴 때부터 군산 비행장 근처의 주한 미군들과 일본인들, 군산에 정착하여 살고 있는 화교들을 보면서 미국과 중국, 일본이 한국을 어떻게 바라보는지 그 온도를 느낄 수 있었다. 그것은 기본적으로 예의를 중요시하지만 의식의 밑바탕은 자신들의 나라가 더 잘살고 선진국이라는 우월의식 같은 거였다. 나는 그런 시선을 느끼며 한국이 강해져야 한다고 생각했다. 아마도 이런 생각은 지기 싫어하는 내 성격 때문이기도 했을 것이다.

기름 한 방울 나지 않고 사람만 많은 우리 대한민국이 어떻게 잘 살아야 할까 고민하다가, 한국처럼 마땅한 자원이 없고 공장이 없어도 '브랜드' 자체로 가고 싶고 사고 싶게 하는 그 매력, 한국도 '브랜드'로 승부를 봐야 한다고 생각했다. '한국 문화'는 충분히 경쟁력이 있기에 그 문화를 널리 알리면 충분히 강한 국가를 만들 수 있겠다는 생각이 들었다. 그러려면 '문화 외교관'이 되어야 했다.

문화 외교관의 꿈을 갖게 된 또 다른 이유는 바로 『백범 일지』였다. 어려서는 부패한 구조와 싸우셨던 김구 선생은 일제 때는 항일운동에 몸을 바치셨다. 누구보다 험난한 시절을 온몸으로 헤쳐 온 분이 문화를 강조하고 계시다. 나는 『백범 일지』에 나오는 '나의 소원' 대목을 밑줄을 긋고 메모장에 또박또박 옮겨 적으며 가슴에 새기고 또 새겼다.

"내가 원하는 우리 민족의 사업은 결코 세계를 무력으로 정복하거나 경제력으로 지배하려는 것이 아니다. 오직 사랑의 문화, 평화의 문화로 우리 스스로 잘 살고 인류 전체가 의좋게, 즐겁게 살도록 하자는 것이다."

"오직 한없이 가지고 싶은 것은 높은 문화의 힘이다. 문화의 힘은 우리 자신을 행복하게 하고 나아가서 남에게 행복을 주겠기 때문이다."

그래서 열심히 영어를 했고 정치외교학 전공을 선택했다. 그런데 가장 가깝게 지내던 대학 친구가 세상을 떠나면서부터 내 인생이 바뀌어 버렸다. 돌아보니 지금까지 한 번도 내가 꿈꾸던 대로 살아온 적이 없다. 나는 그것이 어쩌면 하나님께서 나를 인도하시는 방법이라고 생각한다. 내가 원하는 것이 아니라 나를 필요로 하는 곳에 나는 늘 있었다. 나에겐 시련이고 우여곡절이었지만 그런 과정을 통해 나의 꿈이 아니라 사람들의 아픔을 어루만지게 하셨고 그것이 하나님이 주신 나의 소명이라 생각하게 되었다.

비록 문화 외교관이 되진 못했지만, 김구 선생님이 절절하게 바라셨던 문화 강국 코리아의 미래에 대해 난 조금도 의심치 않는다. 그래서 나는 요즘 해금을 열심히 배우고 있다. 그림이 아닌 음악에 푹 빠져 있는 셈이다. 전통 해금 연주 선생님께 직접 사사도 받았다.

지인들에게 내가 해금을 연주한다고 하면 의아하게 생각한다. 그림에 소질이 있고 화가의 꿈을 꾸었던 것을 아는데, 언제 음악에, 그것도 해금이라는 전통악기에 관심을 가졌는지 잘 연결이 안 된다는 것이다.

하지만 음악, 그 중에서도 해금에 관심을 갖게 된 것은 어쩌면 내게는 자연스런 일이었다. 내 주위의 사회적 약자들이 고통당하는 걸 참지 못하는 나는 누구보다 그들과 함께, 그들을 위해 일해 왔다. 그러니 그들의 심정, 처지를 잘 이해하고 있다고 자부한다. 대학 1학년 때 별이를 떠나보낸 일, 그리고 내가 경험했던 다양한 차별과 폭력, 우리 사회에 상존하는 분단으로 인한 구조적 대결, 그로 인한 사회적 차별과 억압, 그 속에서 불거져 나올 수밖에 없는 엄청난 희생과 거대한 슬픔.

나는 어느 순간부터 우리 사회에 차별과 슬픔이 구조적으로, 역사적으로 상존하고 있다는 걸 보게 되었다. 그런데 어느 공연에서 해금이라는 악기를 접했다. 그 악기가 전하는 인간의 슬픔과 애잔함, 한은 내 가슴을 깊이 적셨다. 어느 작가의 표현대로 해금이 간직한 맵고 짜고 쓰고 신 맛이 이러한 한국인의 한을, 차별과 슬픔을 달래줄 수 있을 거라 생각한다.

몇 번 사사를 받고 연주를 해보니 내 감정선과도 잘 맞는 것 같았다. 지금도 나는 공식적인 자리가 아닌 비공식적인 자리에서는 선뜻 해금 연주를 해보겠노라고 나설 때가 많다. 해금으로 우리 사회가 가진 아픔을 표출하고 공감할 수 있다면, 거기서부터 아픔의 치유가 시작된다고 믿기 때문이다. 북한 또한 소해금이라는 이름으로 해금을 발전시켜 연주회 때마다 선보이고 있다. 나중에 남북이 다시 대화하고 평화를 만들어 나갈 때가 올 때 나는 북한의 해금 연주자와 같이 해금을 연주하고 싶다. 그것이 문화가 가진 힘 아닐까. 문화가 우리 남한 사람뿐만 아니라 남북한 사이의 오랜 생채기를 보듬고 쓰다듬어 상처를 치유해 줄 것을 나는 믿어 의심치 않는다.

전수미
2021년 8월 1일 · 인천

아무도 없는 인천 교동도 망향대에서..
먼 듯 가까운 북녘땅을 바라보며
"아리랑", "고향의 봄", "우리의 소원은 통일"을
우리 악기 해금으로 연주해 봅니다.

전라도 출신 여성으로 산다는 것

나는 여성으로 군산에서 태어나 군산에서 자랐다. 눈떠보니 여성이었고, 눈떠보니 거기가 전라도였다. 그런데 전라도 출신 여성의 눈으로 보기엔 세상엔 참 이상한 일들 투성이다.

아빠와 엄마는 흙수저 중의 흙수저시다. 부모로부터 받은 게 전혀 없는 분들이시다. 그래서 평생 조그만 전파사 가게에 매달리다시피 살아오셨고, 지금도 그렇게 살고 계신다. 나는 강한 자에게 강하고 약한 자에게 한없이 약한, 소위 말해서 '강강 약약' 성향인데, 아마 이런 환경들 때문에 자연스럽게 형성된 게 아닌가 싶다.

3남매의 장녀였던 나는 바쁜 부모님을 대신해 늘 엄마처럼 동생들을 살뜰히 돌봤던 것 같다. 동생들 육아는 거의 전적으로 내 몫이었다. 내가 초등학생이던 어느 날, 나는 동생들을 데리고 집에서 가까운 월명

공원엘 놀러갔다. 집에서 월명공원까지는 걸어서 30분이 채 안 걸릴 정도로 가까웠다. 특히 너른 공원 속엔 산책로며, 나무 숲, 절, 어린이놀이터, 꽃밭들이 있어서 어린아이들에겐 최고의 장소였다.

이상한 남자들

그런데 나무 아래 벤치에 앉은 어떤 아저씨가 우리에게 손짓을 하는 거였다. 나는 동생들을 잠깐 서 있게 한 다음 아저씨한테 다가갔다. 아저씨는 사탕을 주겠다며 잠깐 나무 뒤로 오라고 했다. 따라갔더니 느닷없이 바지를 벗는 게 아닌가. 나는 너무 놀란 마음에 그 자리에서 얼음이 되고 말았다. 그런 나를 여동생이 다가와 손을 잡고 끌어내 주었다.

또 한 번은 교회에서 숨바꼭질을 할 때였다. 나랑 같은 팀이었던 교회 오빠와 같이 예배당 건물 뒷편 으슥한 곳에 숨었다. 교회 오빠는 나한테 갑자기 가만히 있으라고 하더니 나의 바지를 벗기려고 하는 게 아닌가. 나는 그 순간에도 왜 소리를 치거나 도망칠 생각은 않고 '이건 뭐지?' 하며 얼어붙어 있었을까. 다행히 이번에도 술래였던 여동생이 "언니 찾았다!"라며 발견해 주어 벗어날 수 있었다.

그러고 보니 위험한 순간마다 여동생이 마치 슈퍼맨처럼 나타나 나를 구출해주었다. 안도의 한숨, 여동생에 대한 고마움을 느끼는 것과 동시에 '만약에 그때 여동생이 나를 발견하지 않았더라면?' 생각을 할 때면 나도 모르게 오싹해지고 소름이 돋는다.

역시 초등학교 때였다. 반장 선거를 하는데 남학생들만 서너 명이 후보로 나왔다. 이상하게도 여학생은 한 명도 없었다. 나는 주저 없이 손을 들었다. "선생님, 저도 반장 하고 싶어요!" 나는 어릴 적부터 바람직하지 않거나 옳다고 생각하는 일에 참견하는 걸 주저하지 않았다. 내 한 마디에 반 분위기가 조용해졌다. 그러자 선생님이 "여자는 반장 할 수 없어!" 하는 게 아닌가.

나는 초등학교 1학년 때부터 아침에 등교하면 커피포트에 물을 끓여 믹스커피를 타서 선생님 책상에 올려드렸다. 담임선생님이 남자든 여자든 상관없었다. 누가 시킨 일도 아니었다. 선생님이니까 당연히 그렇게 해드려야 한다고 생각했다. 여자 짝꿍과 공부도 열심히 했다.

그런데 "여자는 반장 할 수 없어!"라는 선생님의 한 마디는 여학생의 역할이 어디까지인지를 구분짓게 해주었다. 커피 타고 공부 열심히 하고, 딱 거기까지였다. 나는 그 부조리함과 부당함을 감히 그 자리에서 표출하진 못했다. 속으로 꽁꽁 감추어야 했다.

중학교에 진학해서는 체육시간에 황당한 장면을 목격했다. 뜀틀 넘기인데, 체육선생님이 너무나 자연스럽게 여학생들의 허리와 엉덩이를 만지며 뜀틀을 넘겨주는 게 아닌가. 처음엔 '선생님이 학생을 잘 도와주시는구나' 생각했지만, 가만히 관찰해 보니 그게 아니었다. 분명 혼자서 여유 있게 넘을 수 있는 여학생인데도 굳이 엉덩이를 만지며 넘겨주는 것이었다. 내 차례가 되었을 때 나는 선생님이 내 몸에 손을 못 대게 마치 실수한 것처럼 일부러 앞으로 고꾸라졌다. 하지만 그 선생님에게 어떤 말도 할 수 없었다.

난생 처음 보는 서울은 크고 신기한 것 투성이였다. 어느 날 엘리베이터를 타려고 기다리다가 전화를 받았는데, 고향 친구에게 온 전화에 반가운 마음으로 "시방 니 뭐한다냐~" 라고 안부를 물었다. 문제는 이 '시방'이라는 단어를 '시X'라는 단어로 들었던 서울 친구가, "와 역시 전라도는 일상 생활에서 욕을 막 하는구나. 역시 군산은 항구도시라 거칠구나" 하며 놀라는 거 아닌가. 순간 무안한 마음에 얼굴이 빨개지고 말문이 턱 막혔다. 난 욕한 게 아니라고, '시방'은 전라도에서 '지금'이라는 뜻이라고 변명할 정신도 없었다.

이상한 서울

그뿐만이 아니었다. 보수정권이 들어서자 서울에서 이제 전라도 출신들은 대대적으로 차별받고 배제될 거라는 소문이 돌았다. 그때부터 누가 고향을 물어와도 선뜻 군산이라고 대답하지 못했다. 내가 고향을 말했을 때 "아, 그래요?" 하며 표정이 굳어지는 사람들을 여럿 보았기 때문이다. 그래서 고향을 물어보면 그냥 조용히 웃고 넘겼다. 어린 나이에 들었던 말 중 "수미는 서울 사람이지?"라는 말이 때로는 편했다. 서울 사람같이 보이면 더 이상 고향에 대해서 설명할 필요도, 나와 대화하는 상대방이 전라도를 좋아할지 싫어할지, 어떠한 선입견을 가지고 있을지 눈치 보며 걱정할 필요가 없었으니까.

그뿐만이 아니었다. 대학 수업에 늦어 처음으로 택시를 탔는데, 그 택시 기사 아저씨가 아침부터 재수 없다며 차문을 열고 침을 뱉는 게 아닌가. 알고 보니 상가나 택시에 첫 손님이 여자면 그날 하루는 재수가 없다는 미신이 있었다는 것이었다. 이유를 알 리 없는 나는 "아, 내가 여자로 태어나서 이런 일을 당하는구나"하고 고개를 숙일 수밖에 없었다.

결국 어릴 적부터 여자라서 겪었던 여러 부당한 일들, 서울에 와서 고향이 전라도라서 항상 고개 숙이고 위축되어 살아야 했던 힘든 나날들은 훗날 북한에서 온 여성들을 온 몸과 가슴으로 이해하는 자양분이 되었다. 최고의 위로는 공감이라고 했던가. 내가 선택하지 않은 고향과 성별로 인해 어릴 적부터 나는 왜 내가 남자로 태어나지 못해 반장을 못하는지, 여자가 드세고 재수없다는 말을 들어야 하는 건지 원망스러웠다. 왜 나는 전라도에서 태어나서 이렇게 차별과 멸시를 받으며 살아야 하는지 화가 났다.

북한에서 온 북향 여성들은 북한에서 태어났다는 이유만으로 차별과 멸시를 받는다. 북향 여성이라는 이유만으로 도덕적으로 문제 있거나 낮은 위치로 본다. 이분들이 왜 "남한 사람인 줄 알았어요" 하면 좋아하는지 난 온몸으로 이해한다. 나도 고향과 성별로 차별받아 왔고 그것은 지금도 현재진행형이니까.

이상한 민주당

민주당에서 양향자 국회의원이 탈당을 했을 때였을 것이다. 나는 상근 부대변인이었다. 영어를 좀 할 줄 안다는 이유로 당에서 기자들은 물론 국내 외국 대사관들을 주로 상대하고 있었다. 상대를 한다는 건 업무로서만 아니라 같이 식사하고 술도 마신다는 얘기였다. 물론 이것도 대변인의 업무의 일환이긴 했다. 같이 밥 먹고 술 마시다 보면 마음속 얘기를 허심탄회하게 나눌 때가 많다.

어느 외교관과 얘기를 나누는데 이런 얘기를 하는 거였다. "너희 민주당 너무 신기해." "왜?" 그 외교관은 그 나라에서 녹색당에 소속되어 있었다. 그 나라는 우리와 달리 외교관도 정치적 자유가 있어서 당을 선택해 활동할 수 있었다. 자신은 한국의 야당인 민주당 지지자라고 하면서 민주당을 좋아한다고 하는 친구였다. 그런 친구가 느닷없이 "민주당 되게 신기해"라고 말하니 의아할 수밖에 없었다.

그 친구의 설명이었다. "너네는 한국의 역사와 궤를 같이 하는 호남 기반 정당이잖아. 그런데 어떻게 호남 기반 정당이고 진보 정당인데 여성 지역구 의원이 한 명도 없어?" 그 질문에 난 순간 할 말이 없었다. 사실 그러한 문제 인식조차 없었으니까 얼마나 뜨끔 했겠는가.

원래 광주광역시가 지역구였던 양향자 의원은 문재인 정부와 민주당이 검찰 수사권을 조정하는 이른바 '검수완박' 문제로 논란이 되자 2021년 민주당을 탈당했다. 양 의원이 민주당을 탈당하자 호남 지역을 통틀어 여성 국회의원이 한 명도 없게 된 점을 지적한 것이다.

그 친구의 비판이 이어졌다. "아니, 민주당이 호남 기반 정당이고 김대중·노무현 정신 계승한다, 인권과 민주주의 얘기하는데 어떻게 여성이 한 명도 없을 수가 있어?"

그 다음 이야기는 더 충격이었다. 그 친구는 대사관에서 '젠더' 이슈를 맡고 있었다. 대사관에서 젠더를 담당할 직원이 있을 만큼 그야말로 선진 국가의 외교관이었던 셈이다. 그 친구의 설명에 따르면 자기네 대사관은 젠더, 인권, 기후환경, 4차 산업 등의 카테고리별로 이슈를 나누고 각각 그 이슈 담당자가 있다는 것이었다. 그러니 국내 젠더 이슈에 대해서는 이미 꿰고 있었고, 정당별 여성 국회의원은 말할 것도 없었다.

그는 이미 젠더별 의석수, 정치의식 등을 속속들이 파악하고 있었다. 그의 말에 따르면 여성 국회의원 숫자가 민주당이나 국민의힘이나 별 차이가 없다는 것이다. 그러면서 "민주당이 민주당이 아닌 것 같아. 너무 신기해" 하는 거였다. 실제 21대 국회 여성의원 비율은 19%에 불과했다. 이는 경제협력개발기구(OECD) 평균인 33%에 훨씬 못 미치는 비율이었다. 세계 121위였다.

'국민의 힘'은 영어로 '피플스파워'(People's Power) 그러니까 '인민의 힘'이라고도 해석될 수 있다. 제3자가 보기엔 진짜 진보적인 뜻이 되는 것이다. 그래서 2022년 대선 때 정당 이름을 보고 이재명 후보를 보수당 대표, 윤석열 후보를 진보당 대표로 생각했다고 한다. 그때는 명칭에 대한 오해 때문에 생긴 해프닝이라고 지나칠 수 있지만 여성 국회의원 숫자는 정말 얼굴이 화끈거릴 정도로 부끄러운 부분이었다.

물론 우리나라의 여성 국회의원 비율, 각계의 여성 지도자 비율이 낮다는 건 어제오늘 일은 아니다. 단번에 바뀔 수 있는 일도 아니다. 그래도 오기 같은 게 생긴다. 오랜 관행이니까, 나는 여성이니까 그냥 참아라? 내 성격상 있을 수 없는 일이다.

'나라도 뭔가를 보여주자'는 결심이 뜨겁게 솟구쳤다. 민주당이 인권적으로 결코 후진 정당이 아니라는 것, 여성도 호남의 상징이 될 수 있다는 것을 보여주는 것! 그것은 민주당을 위해서뿐만 아니라 민주적이고 성평등 문화를 지향하는 대한민국에게도 충분히 경쟁력이 있고 상징성 있는 일일 것이다.

<조선일보> 2019년 5월 문일요 기자

[공변이 사는 法]
북한 인권 활동가에서 변호사로…
"편견 없는 세상 꿈꿉니다"

"자유를 찾아온 북한 이탈 주민들은 남한 사회의 차별적인 시선에 무너집니다. 외국에 여행 갔을 때를 생각해보세요. 그 나라의 문화나 법률을 잘 알지 못해서 이런저런 사고가 나기도 하잖아요? 탈북민은 언어와 생김새는 비슷하지만, 전혀 다른 문화 속에서 살아온 사람으로 이해해야 합니다."
전수미(37) 변호사는 북한 인권활동가 출신이다. 북한 인권활동에 뛰어든지 햇수로 17년째. 이 가운데 7년은 변호사로 활동했다. 과거에는 직접 탈북민 구출사업을 진행했고, 지금은 북한 이탈주민 정착지원 시설인 하나원이나 통일부·법무부·외교부에 접수된 탈북민 사건을 공익소송으로 진행하고 있다. 또 대통령직속 북방경제협력위원회에서 연구위원으로 활동하고 있다. 지난 13일 서울 여의도 화해평화연구소 사무실에서 만난 그는 "평범한 탈북민들이 편견과 냉대 속에 범죄로 빠지는 일만은 막아야 한다"고 말했다.

"북한 주민을 돕는 건 결국 '사람'을 돕는 일"

탈북민들은 남한 사회에 적응하는 과정에서 크고 작은 분쟁에 휘말린다. 대표적인 게 층간소음 분쟁이다.
"북한 출신의 사람들은 목소리가 큰 편이에요. 마치 성난 사람처럼 이야기해요. 아주 평온한 상태인데도 말이죠. 특히 북한에는 층간소음이라는 개념이 없어서인지 법적 분쟁까지 이어져요. 어떻게 보면 간단한 문제인데 법적인 도움을 구할 데가 없어 곤란해 하는 분들이 많죠."
이 정도는 양호한 편이다. 문제는 폭행 같은 형사사건이다. 그는 "탈북민에게 '김정은 XXX'라고 말해보라며 자극하는 사람들이 생각보다 많다"면서 "명백한 인권침해 사건인데 주먹이 오가면서 결국 형사사건으로 처리된다"며 안타까워했다.
전 변호사는 소송뿐 아니라 법제도 개선 활동에도 적극적이다. 남북 교류 확대되고 실질적인 통일 절차가 진행됐을 때를 대비하기 위해서다. 최근 집중하는 문제는 풍계리 핵실험장 인근 주민에 대한 인도적 지원이다.
"핵실험장이 있는 길주군 출신의 탈북민 한 분에게 방사능 피폭 증상과 유사한 증상이 나타났어요. 그때부터 문헌 정보와 인터뷰를 통해 자료를 모으기 시작했는데, 핵실험장 작업자의 경우 피폭 증상으로 사망했다는 증언도 있어요. 북한에서는 우라늄을 직접 채굴하는데 여기에 동원된 사람들의 안전도 문제죠. 특히 길주군에 흐르는 물이 이미 오염됐을 경우 주민들이 식수로 사용하기 때문에 2차 피폭의 가능성도 충분히 있습니다."

북한이 지난해 핵실험장 폭파 현장을 국제사회에 보여준 만큼 국내에서는 '비핵화 후속조치를 위한 특별법' 등 관련 법제도를 준비해야 한다는 게 전 변호사의 주장이다. 그는 "북한 주민들을 돕는 건 결국 '사람'을 돕는 일"이라며 "정치적 이해관계나 이데올로기의 문제가 아니다"라고 말했다.

중국서 탈북민 구출하다 죽을 고비 넘기기도

학부 시절 그는 외교관을 꿈꿨다. 정치외교학을 전공으로 택한 것도 이 때문이다. 꿈을 키워가던 스무살, 갑작스러운 친구의 죽음은 그의 인생을 뒤흔들었다. 친구는 가정 성폭력으로 괴로워하다 스스로 목숨을 끊었다. 가장 친한 친구였다. 전 변호사는 "당시 친구의 고통을 헤아리지 못했다는 죄책감에 학업을 이어가기 어려웠다"며 "무작정 인도로 떠나 1년 넘게 지냈는데 그곳에서 길을 찾았다"고 말했다.

"열두살, 열세살 하는 어린 남자 아이들이 광산으로 팔려나가고, 여자 아이들은 성노예로 넘겨지는 인도의 실상을 목격하게 됐어요. 문득 친구 일이 떠오르면서 '타인을 위한 삶을 살아야겠다'는 생각이 들었어요."

현지에서 만난 아일랜드 친구는 그를 북한 인권활동가로 이끌었다. "옥스퍼드대에서 북한 인권을 주제로 석사 과정하던 친구였는데 '북한 사람들도 심각한 상황인데 어떻게 한국인들은 북미나 유럽 사람들보다 관심이 없냐'고 말하더군요. 그 길로 짐 싸서 귀국했습니다."

한국으로 돌아온 전 변호사는 북한민주화위원회에서 활동하기 시작했다. 북한민주화위원회는 북한 민주화와 북한주민의 인권해방을 위해 황장엽(1923~2010) 전 노동당 비서가 설립한 비영리단체다. 이곳에서 대외협력팀장을 맡아 UN과 외신에 북한 인권 침해 실태와 탈북민의 목소리를 전달했다. 때론 중국 현지에서 탈북민 구출작업을 벌이기도 했다.

"공안에 쫓기다가 오른손을 다쳐 장애 판정을 받았어요. 시골 같은데 가보면 담장 끝에 유리조각 같은 걸 박아놨잖아요. 도둑 들지 말라고요. 당시 공안을 피해 담을 넘다가 유리에 손목이 찢겨버린거죠. 의식을 잃을 정도로 피를 많이 흘렸어요."

쫓기는 몸으로 수술할 수는 없었다. 급히 귀국길에 올라 병원에 도착했지만, 끊어진 신경과 근육을 복원할 수는 없었다. 그는 "당시 의료진이 오른손을 평생 못 쓸 수 있다고 했는데, 재활을 하면서 지금은 엄지와 검지를 움직일 수 있게 됐다"고 말했다. 이 때문에 서면 작업을 할 때면 일명 '독수리 타법'으로 타이핑한다. 전 변호사는 "어쨌든 함께 움직였던 5명 전원이 무사히 빠져나와 다행"이라며 당시를 떠올렸다.

"이제는 현장에서 탈북민을 직접 구출하진 않지만, 마음은 늘 함께하고 있어요. 지금 이 순간에도 자유와 인권을 위해 목숨 걸고 움직이는 활동가와 탈북민들을 도울 방법을 연구하고 있거든요. 앞으로는 탈북민 인권보장을 위한 제도와 법률복지제도 마련에도 힘쓸 계획입니다."

생의
한가운데
서서

정치학자 데이비드 이스턴은 정치를 '사회적 가치의 권위적 배분'이라고 고급스럽게 정의했지만, 나는 그냥 목소리 없는 사람들의 목소리를 대변하는 게 정치라고 생각한다. 중요한 것은 약자들의 목소리, 그들의 괴로움이 대변되고 정책에 반영되는 것이다.
그런데 현실에서는 그렇질 못하다. 사회적 약자들의 목소리는 들어보기가 힘들다. 그것도 탈북자나 노동자, 콜센터 직원이나 여자 교사가 자살을 하거나 장애인들이 끈질기게 시위를 해야지 그나마 언론에 보도가 되고 이슈가 된다. 그때에조차 정치는 침묵으로 일관한다.
그러니 '정치는 사회적 약자들의 목소리를 대변하는 것'이라는 내 정의는 현실과는 한참 동떨어진 셈이다.
내가 정치를 하려는 것도 바로 이 때문이다.
정치에 대한 이 정의를 현실에 대입하는 것,
그래서 현실 정치에서 약자의 목소리를
제대로 대변하기 위해서다.

불의 전차

나는 다른 사람들이 힘들어하는 걸 못 참는 성격이다. 참 유별날 정도다. 어떤 이의 지칭처럼 '대책 없이 용감한' 바보라고나 할까.

초등학교 때 우리 반에 부모님이 이혼한 친구가 있었다. 몇몇 친구들이 그 친구를 놀리고 있었다. 그 장면을 보고 화가 머리 끝까지 난 나는 바로 친구들에게 달려갔다. "너희들 지금 뭐하는 거야?" 그랬더니 그 친구들이 나를 밀어 넘어뜨렸고, 나는 일어나 그 친구들에게 달려들었다. 그러다 내 귀가 찢어지고 말았다. 나는 피를 철철 흘리면서도 "너희 다시 내 친구 한 번 더 괴롭히면 죽을 줄 알아"라고 되레 큰소리를 쳤다. 그 친구들은 내가 무서웠는지, 아니면 기가 막혔는지 어쨌든 그 다음부터는 내 친구를 더 이상 괴롭히지 않았다. 이렇듯 말이 안 되거나 불의한 상황을 목격하고서 그냥 참고 지나치는 법이 없었다.

어릴 적 우리 동네엔 보육원이 있었는데, 지금도 거기 그대로 있다. 보육원 아이들은 복장이나 머리 스타일만 봐도 한눈에 알아볼 수 있었다. 학교 아이들은 그 친구들을 멀리했다. 그런데 엄마는 오히려 보육원 아이들과 친구가 되어주어야 한다며 아예 나를 보육원으로 떠다 미셨다. 그래서 나는 어릴 적부터 보육원에 가서 친구랑 같이 놀고 숙제하는 게 일상이었다. 그런 아이들 집에 가서 밥을 먹고 잠을 자는 것도 다반사였다. 행여나 친구들이 보육원 아이들을 놀리거나 왕따를 시키면 이상하게 생각했다. 왜냐하면 나에겐 보육원 아이들이나 학교 아이들이나 다 똑같은 보통의 친구들이었기 때문이다.

보육원 아이들의 친구

지난 여름 군산에서 변호사 사무실 개소식이 열렸을 때다. 그때 아빠 엄마도 참석하셨는데 엄마가 대뜸 이런 얘기를 하셨다. "수미는 어릴 적에 한 번도 새 옷을 입혀본 적이 없어요. 죄다 물려받았죠. 워낙 절약을 잘하는 아이라서…."

내가 그랬던가? 그 얘기를 듣고 곰곰이 생각해봤다. 그런데 새 옷은 없었지만 옷은 늘 많았던 것 같다. 죄다 보육원에서 받은 것들이었다. 난 보육원 아이도 아니었지만 그만큼 보육원 친구들이 많아 이래저래 옷을 받았던 것 같다.

길을 가다가 금전적인 도움을 요청하는 사람을 보면 주머니에 얼마가 있든지 몽땅 쥐어줘야 마음이 편안해진다. 이 때문에 남편과 연애할 때는 여러 번 다투기도 했다. 가뜩이나 돈도 없으면서 그렇게 다 퍼주면 어떻게 생활하느냐는 것이었다. 나는 어려운 사람 앞에서는 앞뒤 재지 않았다. 결국 나중엔 내가 남편의 말을 듣고 태도를 바꾼 게 아니라, 남편이 나의 태도를 이해하고 수긍해 주었다. 내 행태를 봤을 때 나는 돈벌기가 글렀으니 자신이 돈을 버는 수밖에 없겠다는 것이었다. 우리 부부는 지금 그렇게 살아가고 있다.

가난하고 힘든 사람들을 못견뎌하는 건 나에겐 천성에 가깝다. 아무리 자제하려고 해도 되지 않는다. 현실에서도 그렇지만 영화나 드라마를 볼 때도 그렇다. 현실에서는 어렵더라도 적어도 허구의 현장인 영화나 드라마에선 한 발짝 떨어져서 객관적으로 볼 수 있어야 하는데 그게 안 된다. 내가 주인공이 되고 피해자가 되어서 같이 힘들어하고 같이 분노하고 같이 운다. 주인공이 위험에 빠질 때면 내가 위험에 빠진 것처럼 이성을 잃는다. 그러다 너무 견디기 힘들면 TV를 꺼버리고 만다. 타인을 나와 같다고 생각하고, 공감능력이 극대화된 탓이라고나 할까.

어릴 적부터 화가를 꿈꾸다가 집안이 어려워져서 화가의 꿈을 내려놓아야 할 때가 있었다. 그때 잠깐 의사가 되고 싶어 했던 적이 있다. 그런데 얼마 가지 않아 스스로 그 꿈을 접고 말았다. 피 때문이었다. 나는 피만 봐도 경기를 일으킬 정도로 흥분했다. 그런 나 자신이 싫었을 정도다. 그것만 아니었으면 아마 지금쯤 국경없는 의사회의 일원으로 전세계를 누비며 외롭고 괴로운 환자들을 돌보며 뿌듯해하고 있을 것이다. 지금도 그런 일을 상상하면 그렇게 행복할 수가 없다.

기온이 35도를 넘을 정도로 연일 뜨거웠던 지난 여름, 나는 아스팔트 위에서 열린 시국집회에 참석했다. 정부의 불의한 행태, 국가 지도자의 비양심적인 행동을 그냥 지나칠 수 없었기 때문이다.

국가권력의 불의 앞에서

"국가가 국민을 위해 존재하는 게 아니라 국민이 국가를 위해 존재하는 걸 폭로하기 위해 나왔습니다. 잼버리 현장에서 부끄러운 현장을 보고 참을 수 없어서 이 자리에 섰습니다.… 이게 나라입니까? 대국민 망신이고 전세계 망신이 아닐 수 없습니다. 국가의 주인은 우리입니다. 이런 횡포를 우리가 막아야 합니다. 저는 타협하지 않고 굴복하지 않고, 앞으로도 계속 여러분과 함께하겠습니다."

나는 국회스카우트의원연맹 감사 자격으로 잼버리 개막식에 참석했고, 거기서 윤석열 대통령 부부의 참석 때문에 행사가 지연되고 결국 아이들이 열사병으로 쓰러지고 하는 모습을 두 눈으로 똑똑히 봤다. 그것은 참을 수 없는 불의였고, 전세계 청소년들에 대한 대한민국의 국가 폭력이었다.

평소 목소리를 높인 적이 별로 없어서였는지 시국집회에서 나의 모습을 유튜브 영상으로 본 많은 이들이 "깜짝 놀랐다"며 격려의 말씀들을 많이 해주셨다. 하지만 "죽여버리겠다"는 협박성 전화도 적지 않게 받았다. 그 모든 건 오롯이 나의 몫이었다. 불의를 참지 못하는 내 천성이 묵묵히 감내해야 할 몫이었다.

이렇게 협박당하는 게 처음은 아니었다. 2022년 10월 29일 이태원에서 참사가 일어났다. 세월호 참사와 같은 수순을 밟다가 오랫동안 정치 소재로 논란을 벌이다가 조용히 사라지는 건 아닌지 두려웠다. 무엇보다 대학에서 강의를 하고 있는 제자가 울먹이며 나에게 와서는 자기 여동생이 참사의 피해자이고 부모님이 정신적 충격으로 입원하셨다면서 도움을 요청해 왔다. 외국인 희생자의 친구들도 어떻게 해야 할지 몰라 방황하고 있었다. 참사의 진상을 규명하고 이상민 장관을 비롯한 사건 책임자들을 재판정에 세우기 위해 '국가배상청구인단'을 모집한다는 공고를 내고 신청을 받았다. 그랬더니 각종 보수 언론에서 민주당 출신이 10.29 이태원 참사 피해자들을 선동한다며 비판 기사를 쏟아냈다.

피해자들은 국가가 은폐하려는 진상을 제대로 규명하고, 그 당시 사건 책임자들을 재판정에 세워 그들에게 책임을 제대로 묻고 싶었을 뿐이다. 하지만 정부나 일부 언론은 이를 '시체 팔이'로 몰아가며 피해자들의 입을 막으려 했다. 나를 비롯한 소송을 도와주는 변호사들에게도 협박과 위협이 날아왔다. 죽음을 정치화하지 말라며 입 닥치고 조용히 살라는 것이었다. 국가가 국민의 죽음을 방치한 거나 마찬가지인 참사에 대해 진상을 규명하고 책임을 물으려 하자, 책임을 물으려 하는 사람들을 오히려 인신공격하며 입 다물게 하는 공포정치는 참사가 나고 1년 내내 이어졌다.

정치학자 데이비드 이스턴은 정치를 '사회적 가치의 권위적 배분'이라고 고급스럽게 정의했지만, 나는 그냥 목소리 없는 사람들의 목소리를 대변하는 게 정치라고 생각한다. 중요한 것은 약자들의 목소리, 그들의 괴로움이 대변되고 정책에 반영되는 것이다.

그런데 현실에서는 그렇질 못하다. 사회적 약자들의 목소리는 들어 보기가 힘들다. 그것도 탈북자나 노동자, 콜센터 직원이나 여자 교사가 자살을 하거나 장애인들이 끈질기게 시위를 해야지 그나마 언론에 보도가 되고 이슈가 된다. 그때에조차 정치는 침묵으로 일관한다. 그러니 '정치는 사회적 약자들의 목소리를 대변하는 것'이라는 내 정의는 현실과는 한참 동떨어진 셈이다.

내가 정치를 하려는 것도 바로 이 때문이다. 정치에 대한 이 정의를 현실에 대입하는 것, 그래서 현실 정치에서 약자의 목소리를 제대로 대변하기 위해서다. 나는 내가 속한 민주당에 기대가 크다. 과거에 군부독재에 맞서서, 민주주의를 위해서 투쟁하던 그 역사와 정신으로 앞으로 얼마든지 사회적 약자들을 위해 싸우고 현실을 바꿔나갈 수 있을 거라 기대하고 있다.

물론 아직은 실망스러울 때가 많고, 아직은 갈 길이 멀다. 장애인이나 북향민 여성 인권을 위해 정치인들을 만나 얘기하다 보면 총선에 정신이 팔려 도무지 여지가 없는 경우가 많다. 기존의 정치인들이 약자들에 대한 관심을 가지고 그들의 목소리를 잘 대변했다면 굳이 나까지 나서지는 않았을 것이다. 아무도, 제대로 나서는 사람이 없으니 이번에도 내가 하자, 나는 그렇게 이번에도 나섰다.

과거 문화외교관을 꿈꾸던 소녀였던 내가 북한인권 활동가가 되고, 누구도 제대로 도와주는 사람이 없자 스스로 법을 공부해서 변호사가 되어 인권변호사로 살아왔다. 변호사로서 구할 수 있는 사람의 수나 구조에 한계를 느끼던 차에, 제안을 받았고 그렇게 정치에 뛰어들었다.

화해평화연대

올해 2023년은 내가 공익활동을 시작한 지 딱 20년이 되는 해라서인지 소회가 남다르다. 누군가가 나에게 왜 운영하는 단체 이름이 화해평화연대냐고 물었다. 사실 단체 이름을 정할 때 많은 시간이 필요하지 않았다. 내가 북향민을 돕는다는 이유로 보고 듣고 느꼈던 '남남갈등'은 우리 안에 화해가 없기에 생긴 일임을 확신했기 때문이다. 나는 진보 성향의 정치적 기반을 가지고 있지만 단지 북향민을 지원한다는 이유로 한쪽에서는 '수구 꼴통', 다른 한쪽에서는 '배신자'라고 손가락질을 당했다. 인권은 인간의 보편적인 가치라는데 이상하게도 한국에서는 북향민 인권이 보수 진영의 상징이 되어 있었다. 북향민을 지원하는 나는 한국의 진보와 보수 그 어느 진영에도 속하지 않는 '이방인'일 뿐이었다.

남북간의 경제협력·안보협력을 도모하기 전 우리는 늘 감정적 영역인 화해를 배제해 왔다. 남한과 북한이 분단 70년과 한국전쟁을 거치며 서로를 증오하고 보복을 꿈꾸고 분노하는데, 어떻게 경제협력, 안보협력을 얘기하고, 동반자로써 대화할 수 있을까. 북한에 대한 감정이 죄 없는 북향민들에게 투영되어 그들에 대해 차별과 멸시, 혐오의 감정으로 표출되는 것 또한 그러한 이유이다. 북향민들을 보호하고 남한 내 북한에 대한 애증을 극복하기 위해서는 우리에게 화해가 절실하다. 그래서 남한 안의 화해, 남북의 화해가 전제될 때, 한반도의 실질적 평화가 가능하다고 판단해 '화해·평화(를 만들기 위한)연대'를 만들게 되었다.

평화와 용서에 기반한 화해

화해를 하기 위해서는 남북이 서로의 잘못에 대해 인정하고 사과하는 작업이 선행되어야 한다. 북한은 남침을 했고, 남한은 전쟁 중에 수많은 북한군과 북한 인민을 학살했다. 전쟁 이후에도 남북의 정권은 최근까지도 남북의 사람들을 체제경쟁의 도구로서 이용하고, 이에 수많은 보통 사람들이 간첩, 빨갱이라는 이름으로 남북한 체제경쟁의 희생양이 되어 피해를 입고 고통에 신음하고 있다. "자유를 찾아 목숨 걸고 남한에 왔는데 나를 왜 간첩 취급하고 감시하냐"며 절규하던 한 북향민의 모습에서 여전히 대한민국은 그들을 잠재적 간첩, 이중 스파이로 대하고 있음을 알 수 있다. 2014년 북향민 유우성 씨에 대한 서울시 공무원 간첩 조작사건은 남북한 체제경쟁을 위해 북향민에게 자행되는 국가폭력의 민낯을 드러냈다. 남북 정권 체제경쟁의 도구이자 피해자들인 일반 국민들에 대한 진실규명과 추모, 이에 대한 보상이 필요한 이유이다.

그리고 남북한 서로가 서로에 대해 용서하고 참회함으로써 화해가 완성될 수 있다. 물론 '화해'에 대해서는 여러 해석이 가능할 수 있으나 진실과 정의라는 실체지향적인 가치와 평화와 용서라는 관계 지향적인 가치를 바탕으로 할 것이다. 여기에서 바로 '회복적 정의'가 나올 수 있다. 현재 우리 사회에서 '정의와 공정'을 이야기하지만 이는 '보복'에 초점이 있는 '사법적 정의'를 기반으로 한다. 이러한 사법적 정의는 가해자 스스로의 반성과 참회가 없는 한 또 다른 분노와 보복을 야기하고, 또 다른 피해자를 양산할 수 있다는 점에서 끊임없는 사회 분열과 갈등을 되풀이할 뿐이다. 결국 메말라가는 우리에게 필요한 것은 관계지향적인 가치인 '우리 안의 평화와 용서'를 기반으로 한 '화해'가 될 것이며, 이러한 화해는 '자기희생' 즉 남북한이 서로가 양보하고 스스로를 내려놓을 때 가능하다.

손뼉은 서로 마주칠 때 손뼉이다. 북한이 적대적 태세로 전환하고 남한에 대해 초강경 발언을 하는 것은 현 정부가 북한에 대해 강경 대응을 하기 때문이다. 한국 사회에 '정의'는 필요하다. 하지만 우리에게 필요한 것은 '잘못하면 벌을 받아야 한다'는 보복적 정의가 아니라 서로의 존재 자체를 인정하면서도 각자가 만든 피해에 대해 인지하고, 책임을 지게하며, 스스로 회복할 기회를 제공하여 더 이상 피해가 발생하지 않도록하는 '회복적 정의'라 할 것이다. 다시 말해, 남북한이 서로의 존재 자체를 인정하고, 서로에게 가해왔던 가학적 행위에 대해 인정하고 사과하며, 남북한 서로가 함께 진실확인 작업을 통해 책임을 통감하고, 이에 따른 보상과 대책마련을 통해 새로운 '정의'를 구축해야 하는 것이다.

한국군의 베트남전 참전 재판의 결과로 우리 안의 '회복적 정의'는 이미 시작되었다. 우리가 베트남에게 행해온 '가학의 역사'를 기억하고 반성하여 이들을 추모 및 보상하는 과정이 시작된 것이다. 마찬가지로 남한과 북한 역시 같은 한민족으로서 서로에게 총질하고 욕하고 각자의 정권유지를 위해 인권 유린과 난도질을 했다. 서로에 대한 가학적 행위에 대해 남북한 모두 두 눈 똑바로 뜨고 진실을 보고 반성해야 한다. 또한 남북한 체제유지를 위해 희생되어 온 남북 일반 국민들에게 사죄하며 이들을 추모하고 보상하는 작업이 필요하다. 이러한 '회복적 정의'가 남북한 서로의 진심어린 '화해'를 기반으로 할 때, 비로소 남남 갈등과 남북 갈등은 사라지고, 정권 유지를 위해 국민을 모략하고 책동해온 정치꾼들을 이 땅에서 몰아낼 수 있다. 그리고 서로에 대한 '용서'를 기반으로 남북한이 한반도의 눈부신 미래를 위해 나아갈 수 있다는 점에서 우리는 이 길을 위해 노력하고 싸워야 한다.

남남 갈등 해소를 위하여

남북이 화해하고, 국제관계가 순풍을 탈 때, 물론 그 영향으로 남한의 진보-보수 갈등도 약화될 수 있지만 그 반대가 될 수도 있다. 이렇게 되면 한반도에 봄이 오더라도 남한에 사는 국민들은 전혀 그 봄을 만끽하지 못하게 된다. 한반도의 화해와 평화는 나와는 상관없는 남의 나라 이야기가 되고 만다.

화해평화연대는 한반도 평화의 여러 가지 측면 중에서 남남 갈등 해소에 주력하고 있다. 북향 청년과 남한 청년들에게 대화와 공부의 장을 제공하고, 내 속에 가득한 편견을 있는 그대로 드러내고 북한을 있는 그대로 들여다보기 등의 활동을 해오고 있다.

사람은 누구나 자라온 배경이나 경험, 쌓은 지식에 따라 다른 가치관, 관점을 지닐 수밖에 없다. 여기에 전쟁과 갈등의 역사를 지나온 남북은 서로에 대해 강한 불신, 오해를 가질 수밖에 없었다. 이러한 선입견을 해소하는 방법은 우선 서로가 가진 차이가 뭔지 알고 이를 직면하는 것, 그리고 서로간에 지속적인 만남과 대화를 통해 서로의 다름을 인정하고 알아가는 과정을 거치는 것이다. 이는 한 번의 만남이나 행사로는 결코 해소되지 않는다.

화해평화연대는 지난 몇 년 동안 남북 청년들이 만나 자연스럽게 밥 먹고 대화하고 서로를 이해할 수 있도록 마당이 되어 왔다. 그리고 소중한 결실도 있었다. 여기에 함께했던 청년들이 지속적인 청년 교류와 한반도의 화해 평화를 위해 헌신하고 있는 것이다. 이러한 개인들의 작은 힘들이 모이고 확산돼 세대를 바꾸고, 사회를 바꾸고, 나아가 한반도를 넘어 동북아 평화와 화해도 꽃피우게 될 것이라고 확신한다.

특히 북향민 청년들의 역할은 너무나 소중하다. 화해평화연대를 시작하면서 남북 청년들이 대화를 하는데 남한 청년들이 의외로 북한 청년들에 대한 반감이 크다는 사실을 확인할 수 있었다. '우리도 살기 힘든데 왜 북한 청년들에게만 특혜를 주냐?'는 것이었다. 북향민 청년들이 남한에 올 경우 주택이나 지원금을 주고 대학특례입학의 혜택을 준다는 것이 남한 청년들에겐 역차별이라는 것이다. 가만히 들어보니 충분히 일리가 있는 말이었다.

그것 역시도 남북 청년들이 대화하고 서로 공부해가면서 어느 정도 해소할 수 있었다. 우선, 북향민 청년들에 대한 인식이 바뀐 것이다. 북향민은 본인의 의지와 관계없이 냉전과 분단의 상징인 한반도, 그 중에서도 북한에서 태어나 사선을 넘어 남한에 온 사람들이다. 이들은 전시상황과 분단의 피해자인 셈이다. 북향민은 남북의 체제를 모두 경험한 통일의 미래라고 할 수 있다. 하지만 막상 남한에 와보니 체제와 문화가 너무 달라 적응에 어려움을 겪고, 차별까지 겪는다. 너무나도 다른 남한의 체제에 잘 적응하지 못하다 보니 북향민에 대한 여러 부정적 이미지가 덧씌워지기까지 했다.

갈등 해소는 '피해자 중심 사고'에서부터

이런 문제들에 직면하면서 청년들은 새로운 성찰과 행동이 필요하다는 것을 알게 됐다. 그것은 바로 '피해자 중심적 사고'를 갖는 것이다. 어떤 문제가 생겼을 때 그 문제를 피해자의 시각에서 바라보면 근본적인 해결책이 나오는 경우가 많다. 북향민은 남북 분단과 그로 인한 체제 경쟁으로 인해 북한의 구조적 문제에서 발생한 피해자인 동시에, 탈북 과정에서, 또는 탈북 후 남한에서 치열한 생존경쟁을 치러야 하는 피해자이다.

일본 역시 납북자 문제와 관련해서는 피해자라고 할 수 있다. 일본은 끊임없이 북한에 대하여 납북자 문제 해결을 요구하고 있다. 이러한 일본의 납북자 문제에 대해 한국은 북한과 일본의 대화를 중재하여 과거 식민지 문제 청산과 대북제재, 납북자 문제 해결의 촉진자가 될 수 있다. 한국은 북한과 일본의 대화를 위한 중재를, 일본은 대북제재의 완화 및 해제를 위한 협조뿐만 아니라 강제징용이나 위안부 등 피해자들에 대한 사과와 보상을 통해 양국관계의 개선을 도모할 수 있는 것이다.

분단의 피해자이긴 남한의 청년들도 마찬가지다. 분단으로 인해 한반도의 반쪽에서 그만큼 치열한 경쟁을 치러야 하니 꿈의 사이즈, 행복의 만족도도 작아질 수밖에 없다. 남북이 지금처럼 분단되지 않고 하나로 연결되어 있다면 그만큼 경쟁도 느슨해질 것이고, 삶의 반경도 넓어질 것이고, 행복도도 올라갈 것이다. 지금과 같은 분단이 없다면 청년들의 군대 문제, 취업이나 복지 문제도 북유럽과 같은 수준에서 누리고 있을지 모른다.

분단의 원인이자 분단으로 이익을 누리는 주변 강국들도 스스로를 수혜자라고 할지 모르겠지만 실상은 피해자들이다. 아무 죄가 없는 사람들을 가해자로 낙인찍고, 나머지 사람들은 이득을 보고 있다면 어떤 결과가 될까. 제2의, 제3의 희생자를 만들 것이고, 그러다 보면 세상이 뒤틀릴 수밖에 없다. 뒤틀린 세상에서는 끊임없이 희생자가 나올 수밖에 없기 때문이다.

그러니 한반도의 화해와 평화는 치열하게 다투는 남남 갈등을 해소하고, 남북을 화해케 하고, 주변 열강들을 구원하는 일이기도 하다. 그 시작은 남한 사회 내에서 북향민 청년들과 남한 청년들의 만남이다. 남한 청년들이 북향민 청년들에 대해 편견과 선입견을 한꺼풀씩 벗게 될 때, 케케묵은 남남갈등도 빗장이 풀리고, 남북은 더 가까워지는 것이다. 그것은 주변 강대국들로 하여금 자신의 역사, 자신의 모습을 들여다보게 하는 계기를 만들 수 있다.

화해평화연대는 2년 전부터 사진전, 문화공연 등 문화를 통한 공감과 이해를 넓히는 새로운 시도도 해보고 있다. 북향민들로 구성된 임진강예술단도 지원하고 있는데, 임진강예술단의 공연을 보는 관람객들에게도 신선한 충격과 감흥을 주지만, 공연을 한 예술단원들이 더 벅찬 감격을 누리는 걸 봤다. 문화는 그만큼 힘이 있다는 것이다. 남북의 청년들에게 통일 교육을 하고, 2019년에는 통일 한반도를 꿈꾸며 32개국 해외의 작가들이 그린 63점의 한반도 국기 디자인전인 '한반도통일국기전'도 후원했다.

화해평화연대는 앞으로도 북한 사람들이 악마가 아닌, 우리와 같은 사람이라는 인식을 전시회, 문화공연, 청년들과의 만남을 통해 지속적으로 확산해 나갈 것이다. 우리에게 북한 사람들이 악마가 아니듯 북한 사람들에게도 우리가 악마가 아니라는 선언 같은 것들이 문화를 통해 더욱 확산해 나갔으면 좋겠다.

예전에 부모님 앞에서 나의 결심을 말씀드린 적이 있다.

"저는 앞으로 나라를 위해서 일하다 죽을 겁니다. 그러니 저를 나라에 바쳤다고 생각하시고 없는 사람 치세요."

부모님은 아주 슬퍼하셨지만 차마 만류하지는 않으셨다. 나는 김대중 대통령을 본받아 이 땅 한반도의 평화와 화해를 위해 살 것이다. 행동하는 양심으로서 한반도 평화를 위해 내 온몸을 던질 것이다.

김 대통령의 뜻을 받들어 이 땅에 정의가 강물처럼 흐르고, 자유가 들꽃처럼 만발하고, 통일에의 희망이 무지개같이 떠오르는 나라를 만들고 싶다. 친미니 반미니, 친일이니 반일이니를 따지지 않고 오직 대한민국의 국익이 무엇인지 치열하게 고민하여 국익을 위한 외교를 펼칠 수 있도록 죽는 날까지 온 힘을 다하고 싶다.

솔직히 정치를 시작하는 게 두렵다. 그렇다고 망설이거나 포기하지는 않을 것이다.

목소리 없는 사회적 약자들을 위해, 한반도 평화와 통일을 위해 누군가는 나서야 하기 때문에 나서는 것일 뿐, 나는 당당히 김대중이 갔던 길을 걸어갈 것이다.

당신의 영원한
동지이고 싶습니다

참으로 고맙습니다.

몸이 아파서, 배가 고파서, 가족들 때문에 등 여러 가지 이유로 목숨 걸고 그 어려운 길을 걸어 당신은 여기 남한까지 와주었습니다. 북한과 중국의 경계를 넘으면서도 두근거리고 떨리는 마음에 숨죽여야 했고, 제3국에 넘어와서도 어떤 분은 외국인 남편이나 그 가족의 협박과 학대에 제대로 목소리조차 낼 수 없었습니다. 그러다가 브로커나 교회 공동체 사람들과의 만남으로 그 넓은 산과 들을 차를 타거나 걷고 달려서 국경을 넘었습니다. 물론, 그런 길고 다급한 매 순간순간에도 숨조차 제대로 쉬지 못하면서요.

얼굴에 부딪히는 그 따스하고 습기 가득한 공기를 맞으며 '아! 이젠 살았구나' 안도했을 겁니다. 동남아 국가에서 임시 수용소에 갇혀 있다가 비행기를 타고 대한민국에 도착한 당신은 따뜻한 환영의 악수대신, 검은색 차를 타고 어딘지 모르는 곳으로 이끌려 가서 북한에서 태어나서 여기에 오기까지 모든 여정을 낱낱이 적으라는 지시를 받았을 겁니다. 통일부, 법무부, 경찰청, 국정원 등 누군지도 잘 모르고 어디에서 온지도 잘 모르는 사람들에게 수많은 질문도 받았을 것이고요. 누군가는 사상전향서에 이름을 쓰라는 요구까지 받았을 겁니다. 서명을 안 하면 여기서 죽어도 아무도 모른다는 이야기도 들었을지 모르겠습니다.

그렇게 무사히 심문을 통과하고 드디어 하나원에서 교육을 받게 되었을 겁니다. 하지만 강의 말투나 교재엔 왜 그렇게 영어가 많고 한자어도 많은지 도대체 강사들이 하는 말이 무슨 뜻인지 잘 이해가 안 되었을 겁니다. 난 여기에서 나가서 먹고 살아야 하는데 저 강의들이 내가 먹고 사는 것과 도대체 무슨 관계가 있는지, 중국에 있는 가족들은 어떻게 데려와야 하는지 답답하고 막막했을 겁니다. 고단한 여정에 몸은 아프고 지치고 힘들었을 거구요. 하나원에 있으면서 의사로부터 치료를 받는 기간은 가진 아픔에 비해 너무나 짧았을 것입니다. 그러니 늘 힘들고 지친 몸과 마음으로 전쟁 같은 경쟁의 남한 사회에 툭 던져졌다는 외로움이 컸을 겁니다.

더군다나 북한 사투리 쓴다고 무시하고, 간첩 아니냐고 의심도 받았을 겁니다. 누구는 환대하지만 누구는 치열한 경쟁 속에 나를 이용하려고 한 사람도 있었을 것이고요. 팍팍한 이곳에서 누구도 기댈 곳이 없고, 남한 정부에서 주는 보조금은 받지 않으면 바보가 될 것 같고. 그렇지만 일은 하고 싶고, 아이들은 어떻게 키워야 할지, 아픈 가족을 어떻게 부양

해야 할지 막막하기만 했을 것입니다. 성폭력 피해를 당해도 지금 먹고 사는 것도 힘든데 기분은 나쁘고 고통스럽지만, 그걸 신경 쓸 여유도 없었을 것입니다. 나에게 나쁜 짓을 한 남자들을 어떻게 벌할지도 모르고, 오히려 보복당하는 게 두려워 아픈 가슴 부여잡고 숨죽여 살아가야 했을 겁니다.

　괜찮아요, 다 괜찮아요. 북한에서 태어난 건 당신의 잘못이 아닙니다. 당신이 다른 나라에서 아니면 남한에서 나쁜 일을 당한 것은 당신이 바보여서가 아니에요. 우리는 모두 분단의 피해자입니다. 당신은 혼자가 아니에요. 북한에서 온 당신을 온 마음을 다해 사랑하고 늘 진심으로 함께 하는 저 전수미 변호사가 있습니다. 저도 나쁜 일을 당했고, 그래서 몸과 마음에 상처를 안고 살고 있습니다. 다만 저 같은 사람을 더 만들고 싶지 않아서, 우리가 선택할 수 없는 고향과 성별로 더 이상의 피해자를 만들고 싶지 않아서, 힘들지만 지금까지 이렇게 버티면서 당신들을 지원하고 지지하고 응원하고 있습니다.

　다시 한 번 여기 남한에 와주셔서 감사합니다. 우리 두렵지만 그래도 함께합시다. 함께 손잡고 이 처절한 남한 사회에서 이겨나갑시다. 분단과 대결의 한반도를 평화와 화해의 땅으로 만들어가는 데 작은 벽돌 한 장이 됩시다. 무엇보다 더 이상 우리 같은 피해자들을 만들지 맙시다. 나는 당신의 영원한 동지이고 싶습니다.

김대중 대통령의 길

우리 현대사에서 김대중은 어떤 인물일까? 아니 김대중을 빼고 현대사를 이야기할 수 있을까? 내가 호남 출신이기 때문에 그렇다는 것이 아니다. 물론, 호남 출신이기에 김대중을 좀 더 안다고 말할 수는 있겠다. 한 정치인에 대한 탄압이 지역 차별로 나타났기에 호남인들은 누구보다 김대중이 겪은 탄압을 가슴깊이 공감할 수밖에 없기 때문이다.

나는 연세대를 다니면서 김대중을 더 가까이, 더 깊이 알게 되었다. 모태신앙인 나는 연세대를 다니면서 일요일엔 학교 앞에 있는 창천감리교회를 다녔다. 그곳은 김대중 대통령의 부인인 이희호 여사의 모 교회였다. 이희호 여사께서도 거의 매주 빠지지 않고 교회를 나오셨다. 가까이서 인사 나누고 대화할 기회도 몇 번 있었는데, 그때 깨달은 게 있다. 김대중 대통령이라는 걸출한 인물은 이희호 여사가 있었기에 가능했다는 것이었다.

김대중 대통령·이희호 여사와의 만남

이 여사는 여성인권 운동가로써 활발한 사회활동을 하면서도 묵묵히 남편인 김대중 대통령의 정치 여정을 함께해 오셨다. 억울한 옥살이 앞에서는 가열차게 석방 투쟁도 하시고, 집안에서는 부재중일 때가 많은 아버지를 대신해 조용히 자녀들을 돌보고 이끄는 어머니 역할을 훌륭하게 감당하셨다. 무엇보다 강인한 신앙으로써 남편 김대중이, 그와 함께 온 민족이 당하는 고난을 묵묵히 견뎌오셨다.

나는 그런 이희호 여사를 가까이 뵈면서 김대중 대통령을 더욱 존경하게 되었다. 변호사가 되고 난 뒤 연세대 통일연구원에 몸담았던 적이 있다. 연세대 통일연구원은 김대중도서관 3층에 있다. 이 여사가 거기를 방문한 적이 있는데 대통령 부인이 아니라 전형적인 여성운동가의 모습이셨다. 이 여사는 장애인, 북한에서 온 아이들 등 사회적 약자들에 대한 우리 사회의 관심과 시민들의 역할을 강조하셨다. 여성과 남성 중 어느 한 쪽이 우월한 게 아니라 서로가 지극히 평등한 것도 말씀하셨다. 그제서야 연세대 김대중도서관 옆 동교동 자택 앞에 두 분의 이름이 나란히 적힌 명패가 걸린 이유를 이해할 수 있었다.

김 대통령께서 돌아가시기 직전 세브란스병원에 입원했을 때 멀리서 두 분이 서로의 마지막을 보내는 모습을 보면서 '대한민국의 현대사가 저물고 있구나'라는 생각이 들었다. 또한 저렇게 서로를 존경하고 사랑하는 모습에 동지애와 아름다운 반려자상을 느낄 수 있었다. 그 분들을 보며 그동안 내가 걸었던 아프고 힘들었던 삶을 온전하게 이해해주고 서로를 존경하며 사랑하는 동지이자 반려자를 만난다면 얼마나 좋을까라고 혼자 되뇌었다.

김 대통령은 한반도의 화해와 평화라는 뚜렷한 목표를 향해 평생 살아오셨다. 북한과의 역사적인 정상회담을 추진해 성사시켰고, 이에 앞서 한반도 평화를 위한 일본의 건설적인 역할을 위해 김대중-오부치 선언을 이끌어냈다. 중국, 미국, 러시아와의 관계 개선에도 적극 나섰다. 한반도를 둘러싼 주변 강국들과의 관계 개선을 통해 한반도 긴장 완화와 평화 구축을 추진했던 것이다.

무엇보다 그는 정계은퇴를 한 1992년 이후에도 아태평화재단을 만들어 한반도 평화와 통일이라는 목표 달성을 위해 외국과의 연계, 대안 제시 등 활발한 활동을 펼치기도 했다. 그러니 그에게 노벨평화상이라는 영예가 돌아간 건 너무나 자연스런 일이었다.

그는 정치인으로서 누구보다 우리 국민을 존경하고 사랑한 분이셨다. 그가 수십 년에 달하는 옥살이, 가택연금, 해외 망명, 심지어 사형선고에도 불구하고 야당 총재가 되고 대통령이 될 수 있었던 것은 우리 국민에 대한 한없는 존경과 사랑 때문이었다. 그런 김대중을 우리 국민은 넘어질 때마다 일으켜 주었고, 마침내 대통령으로 세워주었다. 그는 국민들의 기대에 어긋나지 않게 이 나라를 IMF 환란에서 벗어나게 했고, 남북간 긴장과 대결에서 벗어나 평화와 통일로 나아가게 했고, 국민들의 살림살이를 나아지게 해 복지와 인권, 민주주의의 선진국으로 발돋움하게 했다.

　독재자로부터, 라이벌로부터 무수한 압제와 배신을 당했지만 그는 대통령이 되어서 보복하지 않고 화해와 용서를 실천했다. 자신을 죽이려 했던 박정희를 위해서는 기념관을 만들어줬고, 자신에게 사형을 선고했던 전두환, 노태우는 청와대로 불러서 같이 식사를 하고 사진도 찍었다. 오죽했으면 전두환이 '김대중 대통령 때가 제일 행복했다'는 말을 했다는 이야기까지 들려오겠는가. 정치적으로 핍박을 받은 사람이 말이나 마음으로는 가해자를 용서할 수 있지만, 막상 핍박자에서 벗어나 권력자가 되었을 때는 용서를 실행하기가 결코 쉽지 않다. 그런데 김대중은 대통령이 되어서 자신에게 가해자였던 전직 대통령들을 용서하고, 초대하고, 끝까지 잘 모셨다. 그는 훌륭한 정치인 이전에 훌륭한 인간이었던 것이다.

　어떻게 보면 그에게 닥쳤던 엄청난 시련과 고난이 그를 위대한 정치인, 훌륭한 인간으로 만든 것이라 생각한다. 상처가 조개의 진주를 빚어내듯 말이다. 그래서 난 내게 왔던 그 수많은 시련들이 사회적 약자들의 입장을 온 몸으로 이해하고 그들의 눈물을 닦아주며 그들을 지킬 수 있도록 했던 담금질의 과정이었음을 깨닫는다. 내게 닥쳐왔던 고난이 나를 김대중의 길로 들어서게 한 것이다.

　얼마 전 계단을 잘못 디뎌 인대가 끊어져 깁스를 한 채로 다닌 적이 있었다. 나는 당시 한 방송에 패널로 정기적으로 출연하고 있었는데, 그날 깁스를 하고 지팡이를 짚은 채로 스튜디오로 들어서니, 보수 측 패널이 이렇게 말하는 거였다. "전 변호사님 보니까 DJ가 걸어오는 것 같습니다." 그분은 아마 깊은 생각 없이 한 말이었겠지만 그것은 나에게 최고의 찬사였다. 김대중 대통령은 내가 민주당에 있는 이유이자, 내가 닮고 싶고 그 길을 걷고 싶은 행동하는 양심이기 때문이다.

김대중 대통령의 길

국내 인사 중에 인권이나 민주주의, 통합의 정신에 있어서 김대중을 따라올 만한 사람이 있을까. 국내만 아니라 해외에서도 드문 인물이다. 나는 그것을 더불어민주당 공보국에 있으면서 많이 보고 느꼈다. 내가 주로 상대한 분들은 국내에 와 있는 해외 외교관들, 외신 기자들이었는데 그들과 처음 만나면 어김없이 나오는 얘기가 '김대중'이었다. 대한민국 지도자 중에 김대중을 너무나 존경한다고 말한다. 여기엔 어느 나라 외교관이고 예외가 없다. 그들은 김대중의 삶, 정치 성과에 대해 깊이 알고 있었다. 그런 얘기를 들을 때마다 나는 내가 대한민국 국민인 것이, 더불어민주당 소속인 것이 한없이 뿌듯하고 자랑스러웠다.

국내에 와 있는 남아프리카공화국 대사가 바로 넬슨 만델라 대통령의 장녀 제나니 노시츠웨 들라미니이다. 제나니 대사를 만나 김대중 대통령에 대해 이야기를 나눈 적이 있는데 그녀는 경이로운 표정으로 이것저것 얘기하고 묻는 것이었다. 행동하는 양심이자 진보의 자부심인 김대중은 남아공의 넬슨 만델라를 닮았다. 두 사람은 수십 년간 감옥에서 혹은 감금 상태로 보냈고, 사형수였고, 인권운동가였고, 대통령이었다. 두 사람은 서로를 잘 알았고, 서로를 존경했다. 김대중 대통령은 넬슨 만델라의 자서전『자유를 향한 머나 먼 여정』을 직접 번역하기도 했다.

그래서 나는 김대중 대통령의 3남인 김홍걸 의원과 들라미니 대사의 만남을 추진하려고 한다. 두 사람이 만나서 각자의 아버지 얘기를 들려주는 것만으로도 보는 사람들의 마음에 엄청난 감동과 영감을 불러일으킬 것이다. 상상만 해도 소름이 돋을 만큼 감동이 몰려온다.

이준석 전 국민의힘 대표의 남녀 갈라치기 전략으로 인해 '군대'가 남녀 갈등의 핵이자 뜨거운 이슈가 되었다. 남자들은 군대 강제 징집 문제로, 여성은 임신과 출산에 따른 경력 단절에 대해 문제를 제기한다. 정치권에서는 남녀 갈등 문제를 해결하려 하기 보다는 남녀 갈라치기 전략으로 선거에서 표몰이를 자행해 왔다.

김 대통령은 남북합의서를 체결하고 남한에 돌아온 뒤 "이제 한반도에 전쟁은 없다"고 말했다. 전쟁 없는 평화의 한반도가 한국의 경제를 살리고 미래를 만든다는 것을 알았던 것이다. 그러한 이유로 일본과도 한반도 평화를 위한 교류를 했던 것이다. 통일은 아주 먼 미래의 일이고, 그 통일을 준비하기 위해서는 한반도 상황을 관리해야 하는데 한반도의 미래를 준비하기 위해 일본과도 미래의 동반자 관계를 추진한 것이다. 그는 철저한 평화주의자, 합리주의자, 현실주의자였던 것이다.

김 대통령이 위대한 이유 중 하나는 평화와 번영이라는 목적을 분명히 하고, 그 목적을 달성하기 위해 진정한 타협과 파트너십을 구축했다는 점이다. 그러기에 친일, 친미 소리를 듣는다 해도 종국적인 국익을 위해 일관된 정책을 추진하고 , 북한과 일본과의 대화에서도 이익과 불이익을 병행하면서 할 말은 당당하게 하는 '힘있는 협상'을 했던 것이다.

결국 청년 문제, 여성 문제, 우리의 행복 문제는 한반도 평화로 수렴된다. 이는 내가 일찍이 20대 때부터 '한반도의 화해와 평화'를 내 소명으로 받아 안았던 이유이기도 하다. 한반도의 화해와 평화는 우리 모두의 행복과 직결되어 있다. 김대중이 그 길을 걸었고, 앞서 백범 김구 선생도 그 길을 걷다가 불의의 총탄에 가시고 말았다. 통일을 위해서라면 누구와도 협상할 수 있고 몇 번이라도 죽을 수 있다는 백범의 자세와 결기에 나는 완전 공감한다.

예전에 부모님 앞에서 나의 결심을 말씀드린 적이 있다. "저는 앞으로 나라를 위해서 일하다 죽을 겁니다. 그러니 저를 나라에 바쳤다고 생각하시고 없는 사람 치세요." 부모님은 아주 슬퍼하셨지만 차마 만류하지는 않으셨다. 나는 김대중 대통령을 본받아 이 땅 한반도의 평화와 화해를 위해 살 것이다. 행동하는 양심으로서 한반도 평화를 위해 내 온몸을 던질 것이다. 김 대통령의 뜻을 받들어 이 땅에 정의가 강물처럼 흐르고, 자유가 들꽃처럼 만발하고, 통일에의 희망이 무지개같이 떠오르는 나라를 만들고 싶다. 친미니 반미니, 친일이니 반일이니를 따지지 않고 오직 대한민국의 국익이 무엇인지 치열하게 고민하여 국익을 위한 외교를 펼칠 수 있도록 죽는 날까지 온 힘을 다하고 싶다.

솔직히 정치를 시작하는 게 두렵다. 그렇다고 망설이거나 포기하지는 않을 것이다. 목소리 없는 사회적 약자들을 위해, 한반도 평화와 통일을 위해 누군가는 나서야 하기 때문에 나서는 것일 뿐, 나는 당당히 김대중이 갔던 길을 걸어갈 것이다.

미국 톰 랜토스 인권위원회에서

　우리 사회에서 북향민은 정치의 소재가 된 지 오래다. 선거와 같은 특정 이슈가 있을 때마다 북향민이 등장해 북한을 공격하고 같은 맥락으로 민주당을 비판한다. 그러다 보니 북향민은 모두 '반 민주당'일 거라고 생각들 한다. 그리고 반 민주당이 아닌 사람들은 어느 때부턴가 북향민을 '특정 정당 지지자들' 정도로 색안경을 끼고 보게 된다. 북향민의 자업자득이라 할 수 있지만 이는 우리 정치가 북향민을 필요할 때마다 써먹은 결과라고 할 수 있다.

　북향민에 대한 혹은 북향민을 통한 우리 사회에 대한 이 같은 편견은 국제사회에서도 어느 정도 통용되고 있다. 내가 만나는 국내의 해외 대사관 관계자들은 대체로 민주당이나 민주당 정부에 대해 '북향민 인권 내지 북한인권에 별 관심이 없다'고 생각한다. 물론 대사관의 특성상

대놓고, 노골적으로 자신들의 생각을 드러내는 것은 아니다. 맥락, 뉘앙스가 그렇다는 뜻이다.

왜 그렇게 됐을까? 나는 '북한인권'을 자신들의 이익을 위해 정치 이슈화한 일부 북향민들, 그리고 그들을 활용한 미국의 일부 인권운동가와 정치권 때문이라고 생각한다.

톰 랜토스 인권위 청문회 참석

2021년 4월 15일, 난 미국 톰 랜토스 청문회 증인으로 참석했다. 톰 랜토스 인권위는 미국 하원의원인 톰 랜토스와 존 포터가 1983년에 만든 '하원 인권 코커스'를 뿌리로 한다. 2008년 미 하원은 톰 랜토스 의원을 추모하는 차원에서 이를 '톰 랜토스 인권위원회'로 이름을 바꿔 하원의 정식 조직으로 승인했다.

헝가리 부다페스트에서 태어난 톰 랜토스 의원은 미국 의원 가운데 유일한 나치 학살 생존자였다. 나치의 인권 탄압을 몸소 체험했던 터라 북한을 비롯한 독재정권의 인권 문제에 유난히 관심이 많았다. 그는 의회에 인권위원회를 만들고 20여 년간 많은 일을 해냈다. 미국 하원 최초로 2007년 '위안부 결의안'을 채택시키기도 했다. 미국 하원은 그의 사망 후 인권위 이름을 '톰 랜토스 인권위원회'로 고쳐 불렀다. 그는 바이든 대통령의 정치적 스승이기도 하다.

톰 랜토스 인권위원회는 하원의 정식 조직이지만 하원의 공식 상임위원회(Committee)는 아니다. 따라서 법안·결의안 처리 등 입법 권한이 없다. 인권위 청문회는 하원 공식 의사록에도 기록되지 않는다. 당연히 청문회의 결론은 미국 하원의 공식 견해도 아니다.

당시 톰 랜토스 인권위원회는 한국 정부가 남북관계법에서 대북전단 등 살포를 금지하는 개정안을 시행하자 표현의 자유 위반, 북향민 인권 억압 등을 이유로 청문회를 개최한 것이다. 하지만 일부 탈북자 단체의 대북전단 살포는 접경지역 주민들에게는 심각한 생명위협으로 다가오고 있었고, 그에 따라 전단 살포 반대 목소리가 거세지고 있었다.

나는 청문회 증인 참석 요청을 받고 '한국의 실상을 제대로 알릴 수 있는 기회'라고 보고 적극 응했다. 하지만 접경지역의 생명살상에 대한 위험을 호소하는 증인보다는 표현의 자유, 북향민의 인권억압을 우려하는 증인이 훨씬 많은 걸 보고 '이게 북향민 인권, 북한인권에 대한 국제사회의 현실이구나'라고 생각할 수밖에 없었다.

청문회에서 내가 느낀 바는 다음과 같다. 첫째는, 한국과 미국은 동맹국가이고 서로를 위해 피를 흘렸던 혈맹임에도 서로에 대한 신뢰가 없다는 것이다. 두 번째는 미국 톰 랜토스 인권위원회에 참석한 미국 하원의원들은 소수의 북향민 이야기만 듣고 한국 사회 전체를 판단하고 있다는 것이었다. 마지막으로는 미국 의회 내 인권위원회 의원들과 미 국방부간 소통이 부재하다는 것이다.

대북전단금지법과 관련해서 스미스 의원 주도로 미국 내 청문회가 열릴 것이라는 이야기는 2021년 초부터 지속되어 왔다. 그 소식에 대해 한국 내 여론 또한 반반이었는데, 그 의견은 남한의 대북전단 관련 법 개정에 대해 미국에서 청문회를 하는 것은 주권 간섭이라는 것이다. 또 다른 의견은 대북전단 관련 법이 북한 주민들의 알권리를 침해한다는 것이다. 이에 대해 우리 정부는 오래 전부터 접경지역 주민들이 대북전단 문제에 대해 문제를 제기해왔으며, 2008년부터 관련 법 제정과 대북전단 살포행위에 대해 제재해 왔다는 입장을 표명한 것으로 알고 있다.

하지만 미국 톰 랜토스 인권위원회에 참석한 미국 하원 의원들은 대한민국 정부를 전혀 신뢰하고 있지 않았다. 대북전단을 직접 날려보았으며, 대한민국에서 북한인권 변호사로 활동하는 나에게 의원들은 "남한 정부에서 표현의 자유에 대한 처벌이 있는지(whether there are penalties for freedom of expression)", "한국 정부에서 탈북민들에 대한 지원이 삭감되었는지(Has support for refugees been cut?)", "대한민국이 망명을 원하는 탈북민들에게 안전한 피난처인지(whether South Korea is still a safe haven for those seeking asylum)" 등이었다. 한마디로 문재인 정부 들어 북향민에 대한 지원이나 처우에 문제가 생긴 것은 아닌지 궁금해 했다. 청문회에서 모든 기조나 질문들의 전제는, 미국은 현 문재인 정부가 북한인권 활동을 제한하고 나아가 남한 내 북향민 인권을 유린하고 있다는 것이었다. 이는 한국전쟁에서 피흘려 싸워준 미국, 그리고 베트남 전쟁·아프가니스탄 전쟁에서 미국을 위해 피흘린 한국이라는 두 혈맹국 사이에 상호 신뢰의 부재를 보여주는 단적인 대목이었다.

접경지역에 사는 북향민들은 본인들이 전단 날리지 않고, 그냥 평범하게 사는데도 남한 사람들한테 대북전단 때문에 '테러' 당하고, 북한에 살고 있는 가족들도 대북전단 문제가 불거지면 대대적으로 색출작업을 당해야 했다는 사실들을 증언했다. 청문회 때 "대북전단이 유일한 대북 정보 유입수단"이라는 한 공화당 의원의 말은 기가 막혔다. 21세기에 저런 말을 듣다니, 어떻게 저렇게도 현실을 모르고 이야기할 수 있을까. 이미 북중 접경지역에서 USB 등을 통해 많은 정보 유입이 이뤄지고 있는데, 한국 드라마와 영화가 북한 주민들에게 유행중이라는 건 너무나도 잘 알려진 사실인데 말이다. 나는 대북전단을 이유로 북한에 외부 정보가 차단되고 남한의 물품들이 '적성물'로 규정되었다는 사실을 증언했다. 대북전단이 유일한 정보유입 수단이 아니라 오히려 대북정보 유입을 막아버렸다는 사실도 설명했다.

미국은 '선택적 정의'를 버려라

미국 하원 의원들의 질문은 한국에서 소수의 북향민들이 현 정부를 비판하며 지속적으로 제기해온 문제에 기반한 것이었다. 한국 정부와 한국에서 살고 있는 사람들의 이야기가 배제되고 정치화된 그 질문들은, 미국의 수잔 숄티를 통해 20년도 넘게 쌓아온 북향민들의 네트워크 때문일 것이다. 그렇게 오랫동안 지속해온 네트워크를 통해 쌓아온 신뢰이기에 5년마다 바뀌는 우리 정부와의 신뢰보다 굳건하고 강경했던 것이다.

2008년부터 대북전단을 제재했음에도 그 당시에는 가만히 있다가 문재인 정부가 들어서자 오직 문재인 정부에서 대북전단을 제재하고 북향민 인권을 대대적으로 탄압한다고 외치는 정치인 북향민의 이야기는, 미국 의회에서 절대적인 사실이고 진실로 숭앙받고 있었다. 미국 의회의 정치화된 북향민들에 대한 신뢰는 마치 절대 불가침의 신성한 믿음처럼 보였다. 미국 하원 의원 중에서 단 한번이라도 한국에 살면서 안보위협을 느끼거나, 접경지역에 살면서 전쟁 위협으로 지하 벙커에 갇혀 두려움의 빵을 먹어본 경험이 있었다면, 과연 청문회가 열릴 수 있었을까? 청문회에서 나에게 그런 질문들을 할 수 있었을까?

빈센트 브룩스 전 한미연합사령관은 2017년 가을 한반도가 전쟁에 매우 가까운 상황이었다고 회고했다. 한국에 파견된 미국의 군인들, 한미연합사령부는 현재 남북한이 전쟁 중이며, 접경지역 사람들이 언제 발발할지도 모르는 전쟁의 긴장감 속에 하루하루를 살고 있다는 것을 누구보다 잘 알고 있다.

무엇보다 대북전단은 상대국 내부를 교란하기 위한 전쟁의 도구이기에 남한에서는 과거 국방부가, 북한에서는 최근까지 군에서 관리해왔다. 그러한 전쟁의 도구가 우리의 머리 위로 날아간다면, 그것이 전쟁의 시작에 대한 선전포고가 된다는 점은 누구보다 미국 국방부가 잘 인식하고 있을 것이다. 그럼에도 불구하고 미국 의회가 표현의 자유를 침해한다며 문제제기를 하는 이유는 둘 중 하나일 것이다. 군수산업의 발전과 경제 부흥을 위해 제2의 한국전쟁을 기대하고 있거나, 아니면 미국에서 한반도 안보문제에 대해 잘 인지하고 있는 미 국방부와 전혀 소통이 없기에, 남한 주민들의 목숨을 담보로 북한인권을 외칠 수 있는 것이다.

이제 미국 행정부와 의회는 북한인권에 대한 '선택적 정의'를 버렸으면 한다. 미국은 남한의 주민들과 대부분의 북향민들을 배제한 채 소수의 보수단체와 소수의 북향민들을 취사선택하고 있다. 나는 그런 미국인들에게 "당신들이 생각하는 인권이 보편적 가치라면, 선택적 정의를 하지 말고, 대다수 다른 북향민들의 얘기를 듣고 남한 접경지역에 살고 있는 사람들의 얘기를 들을 필요가 있다"라고 얘기해 주고 싶다.

지금 북한인권을 얘기하는 사람들의 시차는 너무 간극이 크다. 20~30년 전의 일을 가지고 북한을 평가한다. 하지만 북한은 변했다. 지금, 바뀐 북한을 제대로 봐야 한다. 일부 탈북민이 알려주는 20~30년 전의 북한으로는 북한인권에 대한 제대로 된 해법이 나올 수 없다.

지금 미국 의회가 이야기하는 대북전단을 통한 '북한인권 개선'은 20세기의 이야기일 뿐이다. 대북전단을 보내기 위해서는 바람의 방향, 목표지점에 대한 타이머 설치 등 고도의 기술이 필요하기에 민간이 날리는 대북전단은 북한에 제대로 도달하지 않는 경우가 많다. 일부 대북전단이 북한에 도달하더라도 코로나에 굉장히 취약한 북한에게 대북전단은 북한 주민들을 괴멸하고 북한 체제를 붕괴시키는 생화학무기가 될 뿐이다. 또한 21세기인 현재, 과학기술의 발달로 북중 접경지대를 통해 많은 정보가 유입되고 있어 북한에 정보유입이라는 대북전단의 실효성도 떨어질 수밖에 없다.

따라서 미국 톰 랜토스 인권위원회가 그 설립 취지대로 진정 북한 주민들의 인권 개선을 위할 것이라고 한다면, 생화학무기이자 남한 주민들의 목숨을 담보로 하는 대북전단이 아니라 북한 주민들이 원하는 인도적 지원을 고려해야 할 것이다. 대북전단을 통한 북한인권 개선은 미국이 남한 주민과 북향민 중 일부 정치화된 이들만을 선택하여 지원하는 '선택적 정의'에 불과하다.

전수미
2021년 11월 17일

민주사회를 위한 변호사모임이 주최하는 "대북전단 살포금지법의 법적문제와 주권 침해문제"에서 토론자로 미 하원 톰 랜토스 인권위원회 증인으로서의 경험을 나누었습니다.
귀한 기회를 주신 민주사회를 위한 변호사모임 관계자 분들과 윤건영 국회의원님, 프리드리히 에버트재단의 헤닝 에프너 소장님께 감사 말씀드립니다.

글로리아 마리 스타이넘 Gloria Marie Steinem

힐러리 클린턴의 멘토로도 잘 알려진 글로리아 스타이넘은 미국 페미니즘을 이끈 여성 운동가, 저널리스트, 작가이다.

1934년 오하이오주에서 태어나 명문 스미스 대학을 졸업했다. 정치와 사회 문제에 관심을 가진 스타이넘은 플레이보이 클럽의 버니걸로 위장취업해 사회의 여성차별과 성희롱 실태를 폭로한 기사로 유명해졌다. 1972년 최초의 여성 운동 잡지 〈미즈Ms.〉를 창간하고 15년간 편집장을 지냈다.

2010년 11월 〈타임〉이 선정한 '20세기 가장 영향력 있는 여성 25인' 중 한명으로 선정되었고, 2013년에는 오바마 대통령으로부터 민간인 최고 영예인 '대통령 자유 메달'을 수여받았다. 2015년 한국을 방문하여 전 세계의 여성 평화주의자 30여명과 함께 비무장지대를 걸어 건너기도 했다. 그녀는 현재까지도 활발한 활동을 펼치는 중이다.

"

"I stand in support of Su-mi Jeon, the South Korean human rights attorney who testified in the US Congress this week about North Korean women defectors who are vulnerable to sexual assault in South Korea.

She has faced threats of violence simply for telling the truth.

I hope feminists everywhere will consider her situation as our own, and give her our global support."

GLORIA STEINEM | April 16, 2021

한겨레21 2020년 9월 김규남 기자

탈북여성 지원 변호사 #미투…
"나도 성폭행피해 당했다"

북한인권단체 활동 당시 북한이탈남성에게 성폭행당한 전수미 변호사

북한이탈여성들의 '미투'를 지원하는 변호사가 '미투'를 했다. 8월3일 국회 외교통일위원회 전체회의에 안건심사 관계인으로 출석한 전수미(38·굿로이어스 공익제보센터·사진) 변호사는 "북한인권단체에서 활동해오다가 탈북 남성에게 성폭행당한 뒤 탈북 여성들을 지원하고 있다"고 자신을 소개했다. 그는 이후 진술 과정에서 같은 피해 사실을 두 번 더 언급했다. 전 변호사가 자신의 성폭행 피해 사실을 공개적으로 밝힌 것은 이번이 처음이다. 당시 국회 외통위 회의에서 더불어민주당의 한 의원이 "그런 조건에도 오늘 출석해주신 것에 감사드린다"고 말한 것을 빼곤 20여 명 여야 의원의 반응은 싸늘했다. 이날 외통위 회의는 대북전단 이슈에 집중됐다. 반면 언론 반응은 뜨거웠다. 외통위 회의가 있은 지 2~3일 뒤부터 '탈북 여성 성폭행 피해, 당신 탓이 아니다' 등

전 변호사의 메시지가 담긴 인터뷰 기사가 이어졌다.

전 변호사는 국군정보사령부 군인 2명이 북한이탈여성을 성폭행한 혐의(제1318호 표지이야기)로 8월31일 기소된 사건(37쪽 상자기사 참조)에서 피해자를 지원하고, 7월 말에는 또 다른 북한이탈여성을 성폭행한 혐의로 현직 경찰을 검찰에 고발하는 등 성범죄를 당한 북한이탈여성들을 돕는 일을 꾸준히 해왔다.

국회에서의 발언 이후 2주쯤 지나 전 변호사가 <한겨레21>에 칼럼을 싣고 싶다고 연락해왔다. 칼럼 제목은 '당신의 말 한마디, 자살에 대하여'였다. 그가 미투 이후 받은 다양한 반응 중 비수처럼 꽂힌 말과 자신이 경험한 자살 충동, 그리고 미투 배경 등을 다룬 글이었다. <한겨레21>은 A4용지 한 장 남짓한 그의 글로는 그의 뜻을 다 담기 힘들다고 판단하고 전 변호사와 협의해 인터뷰했다. 9월2일 서울 여의도 사무실에서 전 변호사를 만났다. 이 자리에는 정은주 편집장이 동행했다.

'공감' 통한 '위로' 상담 과정에서 밝혀와

미투 이후 후폭풍은 거셌다. 전 변호사는 성폭행 피해 당시의 상황을 '재경험'(플래시백)하는 고통으로 휩쓸려 들어갔다. "하루하루 지인들로부터 '힘내라'는 말을 들으며 하루살이처럼 버티는 일상"이었다. 그런 상황에서 엎친 데 덮친 격으로 두 가지 '말'이 전 변호사의 상처에 소금을 뿌렸다.

하나는 전 변호사의 남편 지인들이 남편에게 '너 알고 있었어? 괜찮아? (전 변호사가) 결혼 전에 너한테 얘기했어?' 등 남편을 걱정(?)하는 말이었다. "그런 일을 당한 여자를 아내로 둔 남편'을 안쓰럽게 보는 시선으로 느껴져 몹시 충격받았어요." 또 다른 '말'은 전 변호사의 지인에게서 날아들었다. "방송 봤는데 왜 그렇게 대책 없이 용감해요?" 그는 말하며 몇 차례나 거듭 웃었다고 한다. 전 변호사는 "'말 한마디에 사람이 죽을 수도 있겠다'는 걸 직접 경험한 것"이라고 말했다.

다행히 '독'이 담긴 반응만 있었던 건 아니다. 성폭행 피해 경험이 있지만 지금은 결혼해서 아이를 양육하며 살고 있다는 한 북한이탈여성이 전화해 감사의 마음을 전했다. "그 전화를 받고 울었어요. 이런 분들 덕분에 지칠 수가 없죠." 2014년 변호사가 된 그는 성폭행 피해 여성들을 상담할 때 자신의 성폭행 피해 경험을 자연스레 털어놨다. '공감'을 통한 '위로'였다. "나도 당신처럼 피해를 당한 적 있어요. 몸도 마음도 많이 아프시죠. 나도 잘 알아요. 당신 잘못이 아니에요'라고 말하면 피해자들이 힘을 많이 얻더라고요."

전 변호사는 국회에서 미투를 한 배경에 대해 설명했다. "상담하면서 개인적으로 나눴던 공감과 위로의 메시지를 제가 만나지 못했지만 끙끙 앓고 있을 다른 성폭행 피해자들에게 전하고 싶었어요." 그러나 아쉬웠다. "제가 피해 사실을 얘기하면 국회의원들이 북한이탈여성들의 피해 실상에 대해 연계해 질문해줄 것을 기대했거든요. 그런 질문이 하나도 나오지 않아 안타까웠습니다." 전 변호사가 자신의 미투를 통해 북한이탈여성의 인권 문제가 조명되길 바랐는데 그렇게 되지 못한 것이다.

북한인권활동가 시절부터 따지면 20년 가까이, 변호사로서는 7년째 북한이탈여성들에게 법률 지원을 하는 그는, 도망가고 싶은 순간도 많다고 했다. "낯선 남한 땅에서 성폭행 피해 북한이탈여성은 움츠리고 있다가 때때로 공격성이 발현되기도 해요. 그래서 성폭력 피해 북한이탈여성을 만날 때 가시가 돋친 고슴도치를 안은 것 같은 기분이 들 때도 있어요." 많은 변호사가 북한이탈여성들을 돕다가 지원을 중단하는 이유다.

"왜 북한에는 관심이 없어"라는 질문에

쉽지 않은 길을 걷는 이유가 무엇일까. 전 변호사는 2000년대 초 대학교 1학년 때 만난 친구 이야기를 꺼냈다. 기말고사 즈음 친구가 힘들다며 만나자고 연락했다. 무슨 일인지 몰랐던 그는 시험 끝나고 보자며 거절했다. 그리고 친구는 극단적인 선택을 했다. 친구가 가정 내 성폭력에 시달렸다는 것은 나중에 알았다. 친구의 죽음을 막지 못했다고 자책하며 그는 무너져내렸다. 그리고 죄책감을 안고 무작정 한국을 탈출했다.

홀로 간 인도 갠지스강을 끼고 있는 바라나시에서 수많은 죽음을 마주하며 그는 조금씩 마음을 추슬렀다. "갠지스강은 하늘과 이어지는 강이라서 유리병에 편지를 넣어 띄우면 하늘에 있는 친구에게 가닿을 것"이라는 말에 친구에게 편지를 보냈다. 외교관을 지망했던 그의 꿈도 변했다. "'아이들이 성적으로 유린당하는 일이 없으면 좋겠다, 내 친구는 그런 일을 당하고 극단적인 선택을 했는데 그런 일이 더는 없으면 좋겠다, 내가 한 명의 생명이라도 구하는 삶을 살았으면 좋겠다'는 마음이 그때부터 생겨났어요."

이후 동남아시아 메콩강 유역 비정부기구(NGO)에서 자원활동에 나섰다. 팔려가는 아이들을 구출하는 일이었다. 메콩강 유역에서 12~15살 여자아이들이 한국돈 500원에 홍등가로 팔려갔다. "깡패들이 아이들을 관리하는데 이들에게 돈을 주는 방식 등으로 협상해서 아이를 구하는 일을 했어요." 당시 함께 활동하던 영국인 친구가 어느 날 그에게 물었다. "왜 한국 사람들은 동남아에서는 자원활동을 많이 하면서, 바로 코앞에 있는 북한 사람한테는 관심이 없어?" 그는 "머리를 망치로 맞은 듯한 느낌"이었다고 했다. 1년 가까운 동남아 자원활동을 매듭짓고, 한국에 돌아와 다시 대학에 다니며 북한인권단체에서 활동을 시작했다.

2000년대 중반부터 북한이탈주민 단체인 북한민주화운동본부, 황장엽 전 조선노동당비서가 출범시킨 북한민주화위원회, 북한전략센터 등에서 활동했다. 전 변호사는 이 단체들에서 중국에 있는 북한이탈주민들의 남한행을 돕는 일을 했다. 또 북한인권실태 보고서를 영문으로 작성하고 국외 인권기관이나 외신과의 업무 연락을 맡았다.

가해자는 돌아다니고 피해자는 도망 다니고

전 변호사가 국회 외통위에서 증언한 것처럼 북한인권단체들은 미국 싱크탱크 전미민주주의기금(NED)의 지원금을 유흥업소에서 유용하기도 했다. 이 과정에서 평생 트라우마가 남을 끔찍한 사건이 벌어졌다. 술 취한 북한이탈남성이 유흥업소 화장실에서 전 변호사에게 성폭행을 저질렀던 것이다. 가해자는 단체 직원은 아니었지만 단체와 함께 일하며 자주 얼굴을 보는 사람이었다. "무서워서" 가해자에게는 직접 항의하지 못했고, 단체 관계자에게 "용기 내어" 문제를 제기했다. 그 관계자는 사과했다. 그러나 그는 "사건이 알려지면 후원금이 끊겨 단체가 사라지고, 여기 있는 사람들 다 죽게 된다"며 사건을 덮어줄 것을 요구했다. 20대 중반 '순진한' 사회 초년생이었던 그는 그 요구를 받아들였다. "이후에도 가해자가 아무렇지 않게 모임에 나오니까 미치겠더라고요. 가해자가 나타나면 밥 먹다가도 뛰쳐나가고, 그렇게 저만 도망 다녔어요." 자살 시도도 있었다. 친구의 죽음과 본인의 성폭행 피해 직후로 두 차례였다. "고통의 기억이 알이 되어 나를 감싸고 있는 것 같았어요. 고통이 너무 크니까 당장 끝내고 싶다는 생각만 들었어요. 그 방법이 죽음이라고 해도." 힘든 이야기를 꺼내놓은 것은 성폭행 피해를 본 북한이탈여성들이 겪는 자살 충동에 대한 공감과 위로를 표현하고 싶어서다. '북한이탈여성 폭력피해 실태 및 지원방안 연구'(여성가족부, 2017) 보고서를 보면, 성폭력 피해 경험이 있는 북한이탈여성의 자살 생각에 대한 응답을 분석한 결과 '죽는 것이 낫다고 생각하거나 죽었으면 하고 바란 경우'가 50% 넘는다. 또한 '자살을 시도한 경우'가 21.7%, '자살을 계획해본 경우'가 13.3% 등으로 나타났다.

북한인권단체에서 성범죄 피해와 북한인권활동의 회의감 등이 중첩되면서 '활동가 전수미'는 '변호사 전수미'로 변신하기로 결심했다. "북한인권단체에서 일하는 분들이 모두 북한이탈주민의 남한 정착보다 '북한인권'에만 관심이 있었어요. 북한이탈주민이 도움을 청해도 변호사에게 연락해보라고 넘기기 일쑤였죠. 변호사들은 바쁘거나 연락이 안 되거나 하는 식이고요. 하다 하다 안 되니까 '내가 변호사가 돼서 (북한이탈주민에게) 필요한 일을 해보자'고 생각했던 거죠." 그는 법학전문대학원에 들어갔고 2014년 변호사시험에 합격했다.

'피해자 잘못'이라는 잘못된 전제

전 변호사는 지난 7년 동안 북한이탈주민 정착 지원 기관인 하나원 등 여러 곳에서 법률 상담과 강의를 했다. 성폭력·사기 등 남한에서 겪는 북한이탈주민의 피해와 관련한 지원활동도 한다. 그의 발걸음은 언제나 '공감'에서 출발한다. 여성, 성폭력 피해, 자살 시도, 친구의 죽음 등 약자와 상처받은 자로서 자신의 정체성이 북한이탈여성 피해자들과 맞닿아 있다고 믿는다.

성폭행은 폭행이다. 피해자가 폭행당한 사실을 밝히고 같은 일이 되풀이되지 않도록 하는 것은 당연한 일이며, 필요한 일이다. 그런데 성폭행 피해를 당한 사실을 밝히는 일(미투)이 "대책 없이 용감한 일"이 되는 것은 '성폭행은 피해자의 잘못'이라는 전제가 깔렸기 때문이 아닐까. 미투 이후 고통스러운 후폭풍을 견디고 있지만 전 변호사는 후회하지 않는다고 했다. "친구처럼 스스로 세상을 떠나는 사람이 없도록 한 번이라도 손을 더 잡는 게 제 소명이라고 생각해요." 그는 북한이탈여성 한명 한명을 먼저 떠나보낸 친구처럼 '귀하게' 여기고 있었다.

내가 2020년 8월 초 국회 외교통일위원회 전체회의에서 미투를 폭로했던 것도 이 북향 여성 사건과 무관하지 않다. 마음으로는 폭로하고 싶지 않았다.

나는 결혼도 했고, 아이도 있었다. 물론 결혼 전에 이미 남편은 내가 피해를 입었다는 것을 알고 있었다. 그래도 시댁 식구들이 알게 되면, 세상이 알게 되면 괜히 시끄러워질 수도 있었다. 하지만 가만히 있으면 안 되었다.

나도 성폭력 피해를 당했는데 나는 마치 아무런 피해도 당하지 않은 것처럼 가면을 쓰고 북향 여성들의 피해 사실을 듣고 변호하고 있는 나 자신이 싫었다.

무엇보다 '나도 당신처럼 당했다. 그건 우리 잘못이 아니다. 당신 잘못이 아니다' 그렇게 용기와 위로를 주고 싶었다.

그래서 모든 걸 무릅쓰고 미투에 뛰어들었던 것이다.

미투,
I stand with you

해시태그 #MeToo를 기억할 것이다. 몇 년 전 미국 헐리우드의 영화 제작자의 성추문이 폭로되면서 소셜 미디어를 통해 전세계로 급속히 확산돼 갔다. 미투를 통해 미국에서는 유명 배우, 앵커, 정치인이 퇴출당했다. 프랑스, 영국, 독일, 스웨덴 등에서도 '나도 당했다'는 폭로가 정치인, 영화인 등을 대상으로 무수히 터져 나왔다. 여성들의 집단 시위도 벌어졌다. 심지어 꿈쩍도 하지 않을 것 같은 중국, 이란 등에서도 문제 제기가 있었다.

한국에서는 2018년 1월 서지현 검사가 검찰 내 강제추행 문제를 TV 뉴스 인터뷰에서 폭로하면서 확산됐다. 여성들은 꽁꽁 숨겨놨던 오래 전 기억들을 비로소 꺼내기 시작했다. 심지어 50년 전 10대 때 성폭력을 당했던 자신의 사례를 말하는 중년 여성도 있었다. 이를 통해 한국에서는 시인, 배우, 정치인 등이 줄줄이 처벌을 받거나 불명예 퇴출을 당했다.

내가 미투에 나선 이유

나는 당시 북향민 인권운동에 매진하고 있었다. 그 중에선 북향 여성들이 한국에 와서 당한 성폭행 사건도 있었다. 가해자는 자신의 지위를 악용해 피해 여성에게 지속적으로 성폭력을 행사했다. 피해 여성은 "괜히 폭로했다가 북한으로 다시 돌려보내질지도 모른다"는 두려움과 협박에 시달리고 있었다. 결국 그러한 협박과 두려움이 상습적인 성폭행으로 이어졌다.

대부분의 성폭력 피해 여성들에겐 공통점이 있다. 스스로를 자책한다는 것이다. '내가 뭔가 빌미를 줬던 건 아닐까?', '단 둘이 있었으면 안 됐나?', '내가 빌미를 줬기 때문에 그런 일을 당한 거야. 다 내 잘못이야.' 자책은 곧 자살 시도 내지는 자살로 이어진다.

세계적인 미투운동 확산 속에 한 북향 여성이 용기를 내어 나에게 도움을 요청해 왔다. 하지만 가해자는 꿈쩍도 하지 않았다. 법원도 마찬가지였다. 법원은 가해자가 잘못은 했지만 증거가 불충분하다며 무죄를 선고해 버렸다. 나는 나의 의뢰인인 북향 여성이 똑같은 굴레에 갇히는 걸 막아야 했다.

내가 2020년 8월 초 국회 외교통일위원회 전체회의에서 미투를 폭로했던 것도 이 북향 여성 사건과 무관하지 않다. 마음으로는 폭로하고 싶지 않았다. 나는 결혼도 했고, 아이도 있었다. 물론 결혼 전에 이미 남편은 내가 피해를 입었다는 것을 알고 있었다. 하지만 가만히 있으면 안 되었다. 나도 성폭력 피해를 당했는데 나는 마치 아무런 피해도 당하지 않은 것처럼 가면을 쓰고 북향 여성들의 피해 사실을 듣고 변호하고 있는 나 자신이 싫었다.

무엇보다 최고의 위로는 공감이라고 했던가. '나도 당신처럼 당했다. 그건 우리 잘못이 아니다. 당신 잘못이 아니다' 그렇게 용기와 위로를 주고 싶었다. 그래서 모든 걸 무릅쓰고 미투에 뛰어들었던 것이다.

국회 증언을 마치자 예상대로 시끄러워졌다. 별 얘기가 다 들어왔다. 특히 가족들을 통해서, 친구들을 통해서 들려왔다. '전수미가 그런 일을 당했는데도 당신, 가족으로 괜찮나?'라니. 견디기 힘들었다. 그런 질문을 던진 친했던 사람들에게 화도 났다. '이 정도 수준밖에 안됐나?'

반면, 세계적인 여성평화운동가인 미국의 글로리아 스타이넘을 비롯한 여성 운동가들은 나의 미국 의회 톰 랜토스 인권위원회 청문회 증언 직후인 2021년 4월 16일 나의 청문회 증언과 미투를 지지한다는 선언을 발표해 주었다. 이들은 내가 한국 국회에서 했던 미투에 대해 "전세계 모든 여성이 전수미 변호사의 처지를 자신들의 것으로 받아들이고 지지해 주길 바란다"고 호소했다. 참으로 눈물나고 고마웠다.

미투가 휩쓸고 간 지금, 이런 얘기를 하는 사람들이 있다. "그래, 미투로 세상이 바뀐 게 뭐야? 지금도 계속해서 성폭력 사건은 일어나고 있고, 그보다 알려지지 않은 수많은 성폭력 사건들이 있는데 도대체 너의 미투가 한 게 뭔데?"

하지만 미투는 조용히 우리의 일상을 바꿔놓았다. 어느새 남성들은 여성들을 향한 말과 행동을 조심한다. 무엇보다 미투로 깨어난 여성들이 이제는 가만히 있질 않는다. 여성들이 이제는 연약한 피해자가 아니라 세상을 바꾸는 주역으로 서가고 있는 것이다. 물론 아직 갈 길은 멀다. 피해자에 대한 2차 가해, 피해자 보호 등은 여전히 미흡하다. 그래서 사람들은 미투를 꺼린다.

더군다나 이른바 '묻지마' 범죄가 연일 사회 문제가 되고 있다. 원한이나 특별한 이유도 없이 무차별적으로 사람들을 폭행하고 죽인다. 마음속에 여유가 없는 것이기도 하고, 마음속에 화나 분노 같은 것을 가득 안고 살기 때문이기도 하다.

묻지마 범죄의 해결책으로 여러 전문가들이 우리 사회의 불평등 해소를 꼽는 것을 봤다. 불평등, 그러니까 다른 사람들은 희희낙락 잘 살고 있는데 나 자신만 못살고 있고 나 자신만 차별받고 있다는 생각이 분노를 폭발하게 한다는 것이다.

문제의 원인과 해법을 모색하는 정치

세계의 통계 수치가 이 같은 우리 사회의 분노 유발 이유를 설명해주고 있다. 세계불평등연구소가 국가별 소득 불평등 데이터를 분석한 결과 우리나라는 OECD 30개국 가운데 멕시코에 이어서 두 번째로 최상위 계층의 소득 증가폭이 큰 나라인 것으로 나타났다. 이는 2007년부터 2021년까지 소득 최상위 계층 1%가 전체 소득에서 차지하는 소득 비중을 비교한 데 따른 것이다. 전체 소득에서 최상위 1%가 소득이 늘어났다는 것은 하위 계층의 소득이 그만큼 줄어들었다는 뜻이다.

최상위 10%도 같은 기간 소득이 2.5%포인트 증가한 34.4%를 기록했다. 우리나라는 뉴질랜드, 덴마크, 튀르키예 다음으로 최상위 10%의 소득 증가폭이 큰 나라로 나타났다.

이러니 국민들의 행복도도 낮아질 수밖에 없다. 유엔 지속가능발전해법네트워크(SDSN)의 2023 세계행복보고서(WHR)에서 한국은 전체 137개국 중 57위를 기록했다. OECD 회원국 38개 나라 중에서는 그리스, 콜롬비아, 튀르키예에 이어 뒤에서 네 번째를 기록했다. 한국은 경제적으로는 선진국에 속하지만 불평등과 그에 따른 행복에 있어서는 꼴찌 수준을 벗어나지 못하고 있는 것이다.

그렇다면 어떻게 해야 우리 사회에서 묻지마 폭력이 사라지고, 불평등이 개선되고, 사람들은 행복하게 될까? 전체적으로 소득이 늘어나면 해결될 수 있을까? 그렇지 않다. 그것은 착시효과일 뿐이다. 우리나라가 경제 선진국임에도 불평등, 행복지수 꼴찌인 현주소가 그걸 말해주고 있다.

어느 직장 남성과 얘기를 나눴는데 너무나 공감이 갔다. 그 남성은 미혼이었다. 그런데 직장에서는 미혼 여성과 결혼한 남성이 있을 경우 지방이나 해외 출장 같은 궂은 일은 온전히 미혼 남성의 몫이 된다는 것이다. 그래서 미혼인 20-30대 남성들이 여성에 대해 분노할 수밖에 없다는 것이다. 결국 남녀 서로가 정부의 잘못된 정책으로 인해 서로를 미워하며 분노하고 있었다.

그러니까 문제는 여성, 남성의 구분이 아니라 시스템을 바꾸는 데서 찾아야 한다. 그런데 우리 사회의 묻지마 범죄의 해법 찾기를 한번 보라. 정부는 장갑차를 동원하고, 청소년이라도 기소를 하겠다고 선언했다. 무조건 때려잡겠다는 식이다.

왜 이런 문제가 잇따라 발생하는지 그 근본 원인과 해법을 찾기보다는 임시방편식으로 때우려 하는 것이다. 그러니 해결은커녕 문제는 더 커지고 복잡해질 수밖에 없다.

법조인들도 마찬가지다. 현 정부가 주로 검찰 출신의 대통령에, 검찰 출신들이 요직을 차지하다 보니 검찰의 사고방식으로 문제에 접근하려는 경향이 많다. 예방, 교화보다 처벌에 집중하는 것이다.

특정한 사회 문제가 지속적으로 발생한다면 그것은 더 이상 개인의 문제가 아니다. 사회구조적인 이유가 그 문제의 배경에 도사리고 있다는 뜻이다. 묻지마 범죄는 우리 사회의 불평등이 원인이라고 전문가들은 이미 꼽고 있다는 걸 앞에서 지적했다. 정부는 문제 해결을 위해 이러한 사회학자들의 고견에 귀 기울일 필요가 있다.

그 다음은 정치의 역할이다. 문제의 원인이 어느 정도 밝혀졌다면 정치권에서는 그 해법을 정책이나 법으로 내놓아야 한다. 이것은 구체적인 방법의 문제라고 할 수 있겠다. 이처럼 문제 해결에는 반드시 원인(know-why)과 방법(know-how)이 동시에 있어야 한다. 그래서 정치가 중요한 것이다.

여성의 피해, 여성에 대한 가해의 문제는 여성만을 배려한다고 해서 해결되지 않는다. 오히려 배제된 남성의 차별과 분노를 자극하게 돼 문제는 엉뚱한 방향으로 커질 수 있다. 여성에 대한 배려가 남성에 대한 배제로 여겨지지 않도록 하는 세심한 정책, 법 규범의 적용이 중요한 것이다. 그런데 선거철만 되면 정치권이 앞장서서 '여성 vs 남성' 갈라치기를 시도한다. 갈라치기가 아니라 남녀를 동시에 배려하고 해법을 모색하는 통합과 연대의 정치가 필요한 이유다. 그래서 나는 일본의 이토 시오리 씨에게 아래와 같은 편지를 썼었다. 미투, 인권문제에 대한 연대를 통해 문제를 해결하고 세상을 바꿀 수 있다고 믿는다.

이토 시오리님과 변호인단 여러분

안녕하세요? 저는 한국에서 사단법인 화해평화연대 이사장을 맡고 있는 전수미라고 합니다.

항소심에서 승소하신 이토 시오리 씨에게 진심으로 축하드립니다. 그리고 용기를 내어 가시밭길을 싸워주신 그 고귀한 마음에 감사드립니다.

용기를 내어 'Me Too' 운동에 동참하게 되면 당신이 입은 피해를 상세하게 그대로 묘사해보라는 압박에서 시작하여 당신은 조직의 배신자다, 당신이 꽃뱀 아니냐는 주변의 비난을 받았을 것입니다. 그리고 조사기관이 불법으로 취득한 녹음 테이프를 들려주는 등의 2차 피해와 차가운 시선은 생각보다 잔인하고 가혹합니다.

일본과 한국 그리고 북한 여성들은 아직도 성폭행 피해자인 여성에 대해 보수적인 문화 속에서 살고 있습니다. Me Too 운동을 통해 자신이 피해자라 말하는 것은 성폭력 피해자를 더러운 여성으로 취급하는 사회의 시선 속에서 죽을 힘을 다해 목소리를 냈다는 것을 의미합니다.

지금 이 순간에도 한국, 일본, 북한 곳곳에서 많은 여성들이 성범죄 피해를 입고 있습니다. 피해자임에도 우리는 자책하고 좌절하며 죽음을 택합니다. 한국, 일본, 북한 그리고 전 세계 사람들이 'Me Too' 운동과 성범죄 문제에 대해 연대하고 함께 목소리를 높여야 하는 이유입니다.

저는 성범죄 피해 당사자로서, 또 성범죄 피해를 당한 북향 여성들을 변호하는 변호사로서 일본의 이토 시오리 씨와 변호인단에 연대를 제안드립니다.

(사)화해평화연대 이사장 전수미 변호사 올림

伊藤詩織様

弁護団の皆様

　はじめまして。私は韓国で社団法人 和解平和連帯の理事長をして居ります田收米（ジョン・スミ）と申します。

　　控訴審で勝訴された伊藤詩織さんへ心からお祝い申し上げます。そして勇気を出していばらの道を戦ってくださった、その尊い心に感謝申し上げます。

　　勇気を出して「Me Too」運動に参加すると、あなたが受けた被害を

詳細にそのまま描写してみろという圧迫から始まり、おまえは組織の裏切り者だ、おまえが誘ったのではないか、という周囲の非難にさらされます。そして調査機関が違法で取得した録音データを聞かせるなどの二次被害と冷たい視線は思う以上に残忍で過酷です。

　日本と韓国、そして北朝鮮の女性たちはいまだに性的暴行の被害者である女性に対して保守的な文化の中で暮らしています。「Me Too」運動を通じて自身が被害者だということを言葉にすることは、性犯罪の被害者を汚れた女性として扱う社会の視線の中で必死に声を上げたことを意味します。

　今この瞬間にも日本、韓国、北朝鮮のあちこちで多くの女性が性犯罪の被害を受けています。そして被害者であるにもかかわらず自責と挫折、死を選ぼうとしています。それが、日本、韓国、北朝鮮、そして全世界の人々が「Me Too」運動と性犯罪の問題について連帯して共に声を上げていかなければならない理由です。

　私は性犯罪の被害当事者として、また性犯罪の被害にあった脱北者の女性たちを弁護する弁護士として、日本の伊藤詩織さんと弁護団に連帯を提案させていただきます。

　　　　　（社）和解平和連帯 理事長 田收米（ジョン スミ）弁護士

내가 장애인이라고 하면 사람들은 의아하게 생각한다. 사지도 멀쩡하고, 이목구비도 다 있고 더군다나 말도 잘하는데 무슨 장애인이냐는 것이다.

내가 장애인이 된 건 대학생 때 탈북민 구출 활동을 하면서다. 중국에서 탈북 여성 구출 활동을 하려다 크게 다쳐 지체장애 5급의 장애인이 되었다.

이후 나는 음료수나 물병을 혼자서 딸 수가 없다. 한번은 어느 세미나에 갔다가 너무나 목이 말라서 옆자리에 앉은 청년에게 부탁을 했는데, 나를 무슨 공주가 하녀에게 사소한 일 시키기라도 한 것처럼 혐오 가득한 시선으로 바라보는 것이었다.

결국 나는 물 마시는 것을 포기했다. 그 뒤로도 매번 "아, 저는 장애인이라서 물병을 혼자 열지 못하는데요. 죄송하지만 물병 열어주실 수 있나요?"라고 말하기가 너무 구차했다. 아무리 목이 마르고 눈앞에 물병이 있어도 꾹 참고 만다.

나도 장애인이다

내가 장애인이라고 하면 사람들은 의아하게 생각한다. 사지도 말짱하고, 이목구비도 다 있고 더군다나 말도 잘하는데 무슨 장애인이냐는 것이다. 나는 지체장애 5급의 장애인이다.

내가 장애인이 된 건 대학생 때 탈북민 구출 활동을 하면서다. 중국에서 탈북 여성 구출 활동을 하려면 온갖 위험을 무릅써야 했다.

그 당시 우리가 들어간 중국 농촌 마을의 담 위엔 깨진 유리 조각들이 박혀 있었다. 도둑 방지용이었다. 우리나라도 한때 그런 담들이 있었지만 보기만 해도 섬뜩했던 기억이 난다. 그런데 아이 한 명을 넘겨주는 과정에서 담을 넘다가 손이 다 찢어지는 사고가 발생했다. 그때 당시는 너무 급박한 상황이라 병원은커녕 헝겊으로 둘둘 말아서 며칠을 버텨야 했다. 한국에 돌아와 병원엘 갔는데 이미 골든타임을 놓쳐버린 상황이었다. 겨우 봉합 수술을 했다. 의사는 신경이 모두 죽어서 손가락이 아닌 오른손 전체를 못쓰게 될지도 모른다고 걱정했다.

다시 손을 쓸 수 있으리란 소망을 접은 채로 5년 가까이 재활 치료만 했는데 기적적으로 새끼손가락과 약지의 신경이 되살아났다. 장애 급수로는 지체 5급이었다. 일상에서도 지장이 많았다.

비가시적 장애인의 삶

나는 음료수나 물병을 혼자서 딸 수가 없다. 한번은 어느 세미나에 갔다가 너무나 목이 말라서 옆자리에 앉은 청년에게 부탁을 했는데, 나를 무슨 공주가 하녀에게 사소한 일 시키기라도 한 것처럼 혐오 가득한 시선으로 바라보는 것이었다. 결국 나는 물 마시는 것을 포기했다. 그 뒤로도 매번 "아, 저는 장애인이라서 물병을 혼자 열지 못하는데요. 죄송하지만 물병 열어주실 수 있나요?"라고 말하기가 너무 구차했다. 아무리 목이 마르고 눈앞에 물병이 있어도 꾹 참고 만다.

심지어 장애인들과 이야기할 때도 "나도 장애인"이라고 하면 "그게 무슨 장애?"냐며 갸우뚱한다. "혹시 정신에 문제가 있나요?"라고 물어보는 사람도 있다. '너 같은 장애인이 무슨 장애인이냐?'며 장애인 취급을 안해 주는 것이다. 일반 사람들은 휠체어 탄 장애인만 장애인으로 보려는 경향이 있다. 나 같은 비가시적 장애인은 장애인의 기준에 부합하지 않는다고 보는 것이다.

자연의 섭리인 걸까. 신기한 게 오른손을 두 손가락만 쓰게 되니까 왼손도 그렇게 변한다는 것이다. 그러니까 나는 지금 오른손, 왼손 모두 약지와 새끼손가락 두 개씩만 사용하고 있다. 두 손가락만 사용해서는 할 수 있는 일이 별로 없다. 특히 직업이 직업인지라 컴퓨터로 타이핑 업무를 해야 할 때가 많은데, 평균 속도가 독수리 타법보다 훨씬 느리다. 남들은 1시간이면 하는 업무를 나는 2~3시간 더 걸려서 하게 되는 것이다.

이 때문에 괜한 오해를 많이 받았고 지금도 받고 있다. '전 변호사는 글쓰는 게 너무 굼뜨다', '전 변호사는 바로바로 일을 잘 안한다' 등. 그렇게 오해하는 것도 충분히 이해한다. 그만큼 우리 사회에서 장애인이라고 하면 눈으로 보이는 장애인만을 생각하기 때문이다. 나 같은 경우는 비가시적 장애인, 그러니까 겉으로 드러나지 않는 장애인인데 겉으로 드러나는 중증 장애인에 비해 나처럼 비가시적 장애인 숫자가 훨씬 많다는 통계도 있다. 이는 그동안 장애인에 대해 가졌던 우리 사회의 통념을 뒤집는 것이기도 하다.

통계는 또한 비장애인과 장애인의 구별 짓기가 얼마나 어리석은 일인지를 보여준다. 우리나라의 등록 장애인은 약 267만 명이다. 그 중 선천적으로, 그러니까 태어날 때부터 장애인인 경우는 10%가 채 안 된다. 90% 이상은 살아가면서 질병이나 사고로 장애인이 되는 것이다. 그러니 비장애인도 언제든 장애인이 될 수 있다는, 장애인이 남의 나라 이야기가 아니라 나의 이야기일 수 있음을 깨닫는 데서 장애인 문제의 해법은 시작된다고 할 수 있다.

전국장애인철폐연대(전장연)의 전철 탑승 시위도 여러 언론에서 부정적으로 다루고 일부 언론은 긍정적으로 보는데 나는 긍정적으로 봐야 한다고 생각한다. 전장연 시위 때 시각장애인인 국민의힘 김예지 의원이 직접 찾아가서 전장연 분들에게 감사와 사과를 표시한 바 있다. 그녀는 "다른 분들의 혐오와 분노를 감수하면서까지 장애계를 대변해 주셔서 감사하다", "정치권에서 관심이 부족한 것에 대해 책임을 통감한다"고 고백했다. 물론 국민의힘 다른 의원들은 전장연 시위에 대해 "돈을 받기 위한 의도", "오히려 전장연이 인권침해를 하고 있다"며 비난 일색이었다.

그런데 민주당 국회의원 중엔 전장연 시위에 참여한 분이 한 명도 없었다. 아마 언론에서 연일 비판하고 많은 시민들도 불편하다며 눈살을 찌푸리는 게 무서웠을 것이다. 나는 이것이 민주당의 가장 큰 실수라고 생각한다. 민주당은 국민의힘과 달라야 한다. 민주당은 여론을 두려워하거나 표 계산을 할 게 아니라, 소수든 다수든 억눌린 자들의 현장을 찾아가고 그들의 목소리를 적극 대변하는 정당이어야 한다. 그래야 이 억압과 불평등이 만연한 사회에 희망을 줄 수 있다.

그런데 국민의힘은 장애인 문제까지 갈라치기를 한다. 선진국처럼 장애인들의 시위에 박수치는 것까진 바라지 않지만, 적어도 그걸 정치적 갈라치기의 수단으로 삼아선 안 된다. '전장연이 시위를 하기 때문에 우리가 불편한 거야.' 국민의힘의 이와 같은 '국민 불편' 프레임에 민주당은 제대로 대응을 못했다. 그냥 무대응으로 비켜갔다.

중요한 건 '왜 장애인들이 번잡한 출근길에 저렇게 필사적으로 시위를 벌일까?' 하는 질문이 먼저라는 것이다. 그냥 튀고 싶거나 카메라에 나오고 싶어서는 아닐 것이다. 다른 더 근본적이고 절박한 이유가 있을 것이다. 바로 전세계적으로 인정하고 있는 보편적 권리인 장애인 이동권을 보장하라는 것이다. 법으로 보장하고 있는 저상버스 도입 의무화, 특별교통수단의 지역간 환승 등의 예산을 깎지 말고 법대로 집행해 달라는 것이다. 너무나 합법적이고 당연한 권리 주장이다.

그런데도 서울시나 경찰은 시위하는 장애인들을 무자비하게 막거나 전철에서 끌어내린다. 시위의 권리는 헌법상 보장된 국민의 기본권이다. 그런데도 국민 불편을 야기하고 짜증나게 한다는 단순한 논리로 헌법의 기본권을 틀어막고 있는 것이다. 이것은 장애인들만의 문제가 아니다. 장애인들의 90% 이상이 일상을 살면서 어쩌다가 장애인이 되는 것처럼 우리 모두의 문제다.

우리 모두가 장애인 갈라치기의 피해자

이것은 비단 장애 문제에만 해당되는 게 아니다. 일본 후쿠시마 오염수 방출 문제, 기후 위기, 민주주의 파괴, 한반도 긴장 등 우리 사회가 안고 있는 모든 문제는 누구도 예외 없이 모든 사람을 피해자로 내몰고 있다.

한때는 나치 지지자였다가 나중엔 나치에 저항했던 마르틴 니묄러 목사의 유명한 시가 생각난다. 그것은 나치 시대에만 해당되는 게 아니다. 나치와 같은, 우리의 인권을 짓밟고 우리의 행복을 가로막는 오늘날의 모든 괴물과 맞닥뜨린 지금, 우리 모두의 문제이기도 하다.

나치가 공산주의자들을 덮쳤을 때,
나는 침묵했다.
나는 공산주의자가 아니었기 때문이다.

그 다음에 그들이 사민당원들을 가두었을 때,
나는 침묵했다.
나는 사민당원이 아니었기 때문이다.

그 다음에 그들이 노동조합원을 덮쳤을 때,
나는 침묵했다.
나는 노동조합원이 아니었기 때문이다.

그들이 나에게 닥쳤을 때는,
나를 위해 말해 줄 이들이
아무도 남아 있지 않았다.

 전장연 시위는 결국 국민의힘이나 현 정부가 갈라치기에 성공한 사례라고 할 수 있다. 이 과정에서 전장연과 같이 연대하고 싸웠어야 할 민주당은 제 역할을 못했다. 반면, 국민의힘과 정부, 서울시는 장애인과 비장애인을 철저히 분리했고, 이를 통해 반사이득을 챙겼다.
 그렇다면 장애인이 아닌 비장애인 국민은 어떤 이득을 얻었을까? 없다. 장애인이 되었거나 될 가능성이 있는 우리 국민은 여전히 불편과 차별 속에 살아간다. 이득을 얻는 건 특정 정치 집단밖에 없다.

'나도 장애인이 될 수 있다', '장애인의 문제는 곧 나의 문제'라는 생각을 했다면 전장연이 저렇게 외면당하고 패대기쳐지는 현실을 그냥 두고보지 않았을 것이다. 우리를 억누르는 우리 사회의 차별과 불평등, 전쟁이 그렇다. 그들만의 문제가 아닌 우리 모두의 문제인 이유다.

전수미
2023년 6월 24일

좋은 사람들과 행복한 만남, 구세군 군산목양원 장애인주간보호시설 개원식 축하 행사에 참여했습니다.
참여하신 구세군 군산지회 회장님과 임원진, 장애인분들의 현장 이야기를 들으며 군산의 장애인 정책에 대한 고민이 깊어집니다.
더불어민주당 전국장애인위원회 대변인 때 했던 고민을 바탕으로 "차별은 없이, 기회는 같이, 행복은 높이" 가치를 만들겠습니다.

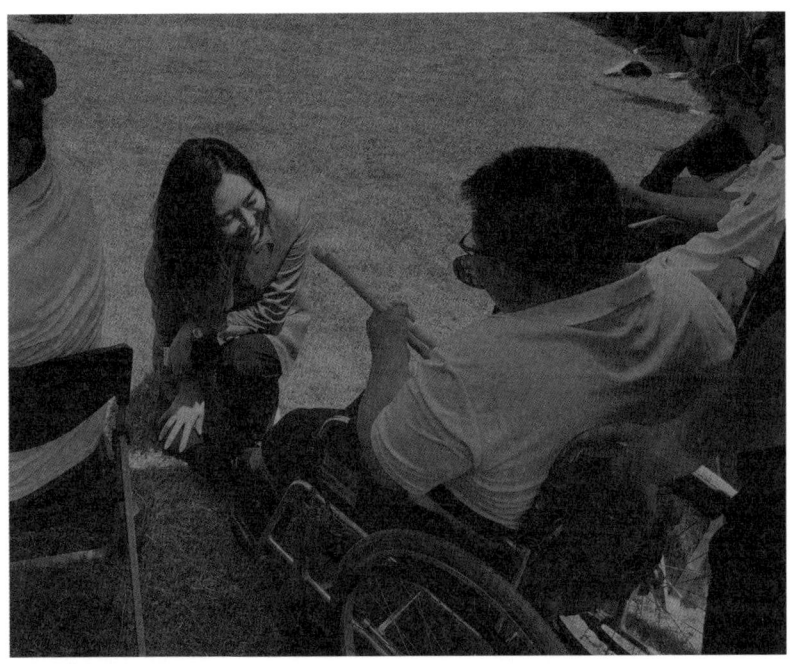

전수미와
통하는 사람들

사람들이 나를 보고 깜짝 놀라는 게 몇 가지 있는데, 그 중 하나가 나이에 비해 삶의 궤적이 너무 험난했다는 것이다. 마치 해방 전후에 태어나 한국전쟁과 보릿고개를 겪은 세대처럼 어릴 적부터 가난과 편견, 차별, 그리고 일반인은 평생 한번 겪을까 말까 하는 사건 사고를 여러 번 겪어왔다는 것이다. 누군가는 대책 없이 용감하다고 하기도, 다른 이는 참 밀도 높은 삶을 살았다고 이야기하곤 한다.

또 하나는 나의 인맥에 대해서다. 얼마 전 군산에서 열린 변호사 사무실 개소식에 정말 각계각층의 사람들이 참여해 준 것을 보고 '진정한 인싸(인사이더)'라고 추켜세우기도 했다. 그런 나를 보고 어떤 이는 인맥 관리의 비법이 뭐냐고 물어오기도 한다. 글쎄, 나는 한번도 인맥 관리라고 생각한 적이 없는데, 어느 순간 내 주위에, 감사하게도 나를 지지해

주는 분들이 많아져 있다.

그 중엔 유명인들도 더러 계시다. 배우 김수미 선생님은 고향 군산 선배이신데 우연히 뵙고 얘기를 나누다가 마음이 통해 연락하는 사이가 됐다. <가요무대>로 유명한 방송인 김동건 선생님은 대학 선배로서 나에게 늘 응원과 격려를 보내고 계신다. 국회의원을 지낸 이자스민 님, 가수 인순이 선생님은 화해평화연구소를 하면서 다문화학교 모임과 행사에서 뵈었던 적이 있다. 노소영 관장님은 남북 청년들과의 독서토론에서, 박용만 회장님은 서울역 쪽방촌 봉사를 하면서 각각 친해졌다.

이들은 내가 어떤 목적을 가지고 만난 분들이 전혀 아니다. 굳이 원인을 따지자면 북향 청년, 한반도 화해평화를 위해 지속적인 활동을 하다 보니 주어진 선물 같은 분들이라고 할 수 있다. 그 중에서도 좀 길게 소개하고 싶은 분이 있다.

운명처럼 만난 북향 여성

대학 시절 친한 친구를 멀리 떠나보낸 죄책감을 견딜 수 없어 나는 한참 동안 방황했었다. 그러다 운명처럼 아동 성매매 구출활동을 돕다가 북향 여성들을 만나게 되었다. 나는 친구에게 진 빚을 갚는다는 마음으로 그들을 도우며 살아왔고 지금도 그렇게 살아가고 있다.

내가 공익 변호사로 일을 시작하자 가장 많이 연락해 오는 분들도 북향 여성들이었다. 그들은 탈북 과정에서의 인권 유린과 남한 정착 과정에서 당하는 냉대와 차별로 몸과 마음이 많이 아팠다. 나는 그들을 만나고 상담하고 도와주는 것을 소명으로 받아들였다. 상처로 떠나야 했던 친구를 통해 이 땅에 훨씬 더 상처를 간직한 채 살아가는 이들이 많다는 걸 북향 여성들을 통해 알 수 있었다.

하지만 그들을 보듬는 것은 또 다른 상처였다. 켜켜이 쌓인 상처로 인해 그들은 대부분 낮은 자존감을 갖고 있었다. 그러니 어떤 말로도 그들은 상처를 입었고, 나도 그런 그들을 상대하며 상처를 입었다. 어떻게 보면 피를 뚝뚝 흘리며 선인장을 손에 붙들고 있는 형국이었다.

하지만 상처받은 사람들은 상처를 받지 않고서는 보듬을 수 없는 법이다. 상처받은 사람을 치유하려면 나 또한 상처를 받을 때 가능한 것이었다. 그래야 그들과 다르지 않은, 동등한 사람이 되는 것이기에.

그러던 어느 날 파주에 북향민들이 상당수 살고 있으며 이들에 대한 법률 지원이 필요하다고 연락이 왔다. 파주로 찾아가 한 사람을 만났다. 바로 임진강예술단의 백영숙 단장이었다.

그녀는 내가 그동안 만나고 지원해왔던 북향 여성들과는 많이 달랐다. 그동안 만났던 북향 여성들은 깨질 것 같은 유리와 같아서 늘 조심스러워야 했다. 자신들도 모르게 쌓여 있는 상처 때문이었다. 그렇지 않은 여성들 또한 대하기는 쉽지 않았다. 그들은 북한에서 엘리트 계층에 속했던 여성들로써 남한 사람 이상으로 무뚝뚝했고, 무엇보다 북한에서 좋은 계층과 혈통이었다는 자부심이 강한 사람들이었다. 그러하기에 누구를 만나든 살얼음판을 걷는 심정이었다. 그 분들이 자존심 상하거나 오해하지 않도록 말 한 마디, 행동 하나 조심하며 상담하고 지원하는 일을 해왔다.

백 단장은 자립심과 독립심이 대단했다. 거기다 다른 사람을 이끌고 품을 수 있는 마음의 여유로움까지 갖춘 '여장부'였다. 무엇보다 백 단장은 스스로가 북한에서 왔다는 것을 숨기지도, 그래서 북한 말씨를 지우고 남한 말씨를 애써 배우려 하지도 않았다. 솔직하고 담백하고 진국 그 자체인 사람이었다. 사람 내음을 늘 그리워했던 나는 그러한 백 단장을 처음 만나면서부터 마치 고향 사람을 만난 것처럼 스스로 무장해제가 되어버렸다. 백 단장을 만날 때면 남북 구분 없이, 도움을 주거나 받아야 한다는 부담감 없이 마음 편하게 떠들며 웃고 운다. 그렇기에 오랜 세월을 친구처럼 함께 해왔던 게 아닐까 싶다.

여느 북향 여성과는 다른 백영숙 단장

그녀는 겉으로 보면 강한 성격의 소유자 같다. 하지만 그녀의 매력은 무조건적인 강함에만 있는 건 아니다. 상당수 남한 사람들이 북향민에 대해 오해하는 것 중 하나는 대부분 배고프거나 북한 체제가 싫어서 도망 나왔다고 생각한다는 것이다. 하지만 상당수의 북향민은 북한의 턱없이 열악한 의료 환경 속에서 중국으로 건너가 수술이나 치료를 받고 다시 북한으로 돌아갈 생각을 하면서 북한을 떠나온다. 그런데 정보가 부족한 탓에 중국도 북한과 같은 사회주의 국가이기에 당연히 무상의료인 줄 알고 치료를 받았다가 치료비를 내지 못해 중국 브로커에게 붙잡혀 오도 가도 못하는 신세가 되어버린다는 것이다. 이렇게 해서 어쩔 수 없이 브로커를 통해 중국 남성과 결혼하거나 남한으로 오게 되는 경우도 많다는 것이다.

　백 단장도 그랬다. 가난했던 그녀는 아픈 몸을 치료하기 위해 중국으로 건너가 치료받고 돌아오는 길에 중국 공안에게 붙잡혔다. 그리고 겨우 탈출해 브로커를 통해 남한으로 오게 되었다. 다른 선택의 여지는 없었다고 한다.

　계획에도 없는 탈북이었기에 가족과는 생이별을 하게 되었고, 후에 남한에서 죽도록 돈을 벌어 무사히 가족들 모두를 남한에 데려올 수 있었다. 남한에서는 북한의 경력을 인정하지 않기에 북한에서 배운 전공은 아무 소용이 없었다. 대신 파주의 박스 공장에서 여느 남성들과 같이 일하면서 손가락이 터지기도 했던 그녀는 처음엔 "잘한다"는 소리보단 "무슨 여자가 저리 독하고 억세냐"는 이야기를 많이 들었다고 한다.

　지방에서 태어나 고등학교를 졸업하고 서울에 와서, 지하철도 탈 줄 모르고 세상 물정 몰라 사기도 당하고 사람들에게 무시당하며 상처받았던 나는, 북한에서 온 그녀를 보며 너무나도 동질감을 느꼈다. 때론 그게 너무 가슴 아파 눈물을 흘리고, 때론 너무 즐거워서 환호성을 지르면서도 눈물을 흘리곤 했다. 눈 떠보니 차별과 혐오를 받는 지역에서 태어났고, 눈 떠보니 여자라는 몸으로 태어났는데, 그렇게 열악한 환경에서 열심히 살아도 '독하다, 드세다'라는 소리를 들으며 손가락질을 당해 왔던 것이다. 한국 사회는 북에서 온 사람들을 제대로 수용하지도, 이해하지도 못하면서 오히려 차별과 혐오, 상처만 안겨주었던 것이다. 난 북향 여성들을 대할 때마다 마치 내가 당한 것처럼 너무 화가 나고, 너무 미안하고, 너무 안쓰러울 때가 한두 번이 아니었다.

백 단장은 그 모든 차별과 역경을 이겨내고 지금은 파주에서 북향민 여성들과 함께 '임진강예술단'이라는 예술전문단체를 꾸려서 이끌고 있다. 임진강예술단의 신명나는 공연을 보고 있으면 북한을 이해하고 남북이 하나되는 데 문화만큼 더 빠르고 효과적인 게 있을까 싶다. 백 단장의 임진강예술단은 북한의 문화예술을 통해 남한 사람들에게 다가간다는 점에서 진정한 남북 민간 친선대사인 셈이다.

　그뿐만이 아니다. 백 단장은 파주시 금릉동에서 북한 음식점 '두만강찹쌀순대'를 운영하고 있다. 북한 순대와 녹말국수, 녹말전, 인조 고기밥 등 북한 음식을 직접 만들어 팔고 있다. 그녀의 식당에 놀러갈 때면 백 단장은 늘 환한 웃음과 함께 따스한 순댓국부터 내놓는다. 내가 먹어본 순댓국 중 단연 최고의 맛이다. 음식 맛은 인심에서 나오는 것인가 보다.

　대부분의 북향민들이 남한 사회에서 적응하기 힘들어 여유가 없지만, 스스로 자립 후 같은 고향 사람들의 억울한 이야기를 들어주고 같이 싸워주는 여장부 백영숙 단장. 그녀는 자립을 넘어 대한민국 국민으로서 어려운 이웃들에게 김치 같은 반찬을 만들어 매년 나누어주고, 연탄 나르기 봉사를 하는 '나눔 천사'도 자처하고 있다. 그런 점에서 너무나도 존경스럽고 자랑스러운 분이다. 그래서일까. 백 단장을 만나러 가는 자유로가 좋고, 파주가 더 사랑스럽게 느껴지는 게.

100만인의 대변인

이런 상황을 두고볼 수만은 없었다. 10.29 이태원 참사가 발생한 지 10일 만에 나는 총대를 메기로 했다. 피해자 유족들의 억울한 목소리를 대변하기 위해 법률검토와 변호인단 구성 후 국가배상청구인단 모집을 시작했다.
법률 상담을 위해 이메일, 사무실 번호를 공개해야 했는데, 하루 전화의 50%는 참사의 유가족 분들이나 지인들 상담, 30%는 응원과 격려, 그리고 20%는 욕설과 저주였다.
욕설과 저주는 충분히 예상했으니 전혀 이상할 게 없었다. 많은 언론과 시민단체에서도 관심을 가져주었고 격려해 주었다. 하지만 일부 언론은, 내가 유족들을 직접 만나서 소송하자고 부추기며 다닌다는 식으로 보도했다.
웃음이 나왔다.
그것은 나에 대한 엄청난 과대평가이기 때문이다.
나는 변호사이지만 나 역시 평범한 일반 국민에 불과했다. 따라서 이태원 참사 유가족 분들이 누구인지, 그들의 연락처가 뭔지 전혀 알 수가 없었다.

정치를
정치답게

정치를 흙탕물에 비유하곤 한다. 깨끗하고 정직한 사람도 마침내 같이 물들거나 중도 포기하고 마는 이전투구의 장. 오래된 말이지만 부끄럽게도 우리 정치의 현실을 어느 정도 반영하고 있다. 반면, 정치는 우리의 삶을 윤택하게 만들 수도 있다. 저렴한 비용으로 다양한 의료혜택을 얻어 건강한 삶을 살 수 있고, 저소득이나 실업으로 삶이 막막해질 때 현금 지원을 통해 생활을 이어나갈 수 있다. 한반도의 긴장을 제거하고 남북이 화해, 공존함을 통해 꿈을 꾸게 하는 것도 정치의 역할이다.

오늘 대한민국 정치 속엔 마치 야누스의 얼굴 같지만 두 가지가 다 담겨 있다. 1952년 당시 전시 상태였던 한국 상황을 지켜본 영국 기자는 "한국에서 민주주의를 기대하는 것은 쓰레기 더미에서 장미꽃이 피기를 기대하는 것과 같다"고 썼다. 한국에서의 민주주의는 어불성설, 헛된 바람, 도저히 불가능하다는 것이다. 그러나 대한민국은 산업화, 민주화를 동시에 이뤘다. 쓰레기 더미에 장미를 피운 정도가 아니라 쓰레기 더미를 갈아엎어 장미 꽃밭을 이뤘다. 우리가 선택한 민주주의 정치가 우리 사회를 바꾸고 우리 삶을 윤택하게 만들었다.

정치에 입문하게 된 계기

내가 정치에 발을 들여놓은 데는 여러 번의 계기가 있었다. 여러 차례 북향민 전문가로서 국회 외교통일위원회 또는 관련 의원들과 소통은 했지만 입당은 하지 않았다. 인권변호사로서 활동하는 그 자체에 큰 자부심이 있었기 때문이다. 그래서 어느 날 만난 여성인권운동 선배에게 "선배, 저 정치권에서 제안받았는데 거절했어요"라고 했더니 선배가 어이없다는 표정으로 날 쳐다보며 이렇게 말하는 거였다. "너 제정신이야? 너 변호사로 몇 명이나 사람 도왔어? 네가 국회에 가서 법을 만들고 개정하면 수천 명, 수만 명의 사람을 도와줄 수 있어. 그걸 왜 거절하는데?" 순간 난 할 말을 잃었다.

그 다음으로는 성범죄 피해 북향 여성을 지원할 때였다. 나는 여러 여성 단체들을 찾아가 피해자 트라우마 치료, 심리 치료 등을 요청했는데 반응이 좋지 않았다. 그러자 같이 동행한 북향 여성이 울면서 "변호사님, 제가 북한에서 와서 그런 거죠?"라고 하는데 내가 오히려 미안해서 어쩔 줄 몰랐다. 결정적으로는 같이 한국 생활과 정치에 대해 이야기할 기회가 있었는데, 한 북향 여성으로부터 "민주당은 우리를 버렸잖아요"

라는 말을 들었을 때다. 그 말은 내 가슴에 비수가 되어 꽂혔다. 아, 이분들은 민주당을 이렇게 생각하는구나.

민주당에서 태어나고 민주당 이외에는 생각해 본 적이 없는 나는 나의 민주당을 지키고 싶었다. 내가 존경하는 김대중 대통령의 민주당이 더 이상 '선택적 정의', '선택적 인권'이라는 비난을 받는 정당이 아니라 진짜 '인권'과 '민주주의'를 기반으로 하는 정당으로 거듭나게 하고 싶었다. 그래서 나는 내가 그렇게도 사랑하는 민주당에 입당했다.

정치판의 민낯

처음 내가 당에서 맡게 된 직책은 민주당 상근 부대변인이었다. 평소 여러 언론에 칼럼을 써왔기에 인권이나 외교·안보 분야 논평을 통해 민주당이 일하는 정당으로 비쳐지길 바랐다. 그런데 상근 부대변인 자리가 뭐라고 사람들이 나에게 다가와, 내가 누구의 라인으로 당에 들어왔고, 어떻게 상근 부대변인을 하게 되었는지를 꼬치꼬치 묻는 것이었다. 그때까지만 해도 난 이 자리가 그렇게 많은 사람들이 오고 싶어하는 자리인 줄 몰랐다. 그저 '왜 이렇게 내가 여기에 온 걸 궁금해 하지? 여기에 오려면 그렇게 대단한 빽을 써야 하나? 이게 그렇게 대단한 자리인가?' 하면서 놀라워할 따름이었다.

그러다 당에서 상근 부대변인, 그리고 대선 캠프 때 중앙선대위 수석부대변인, 이재명 대통령후보 직속 실용외교위원회 간사를 하면서 나는 자연스럽게 외신과 대사관을 담당하게 되었다. 그들과 만나면서 지금까지 한 번도 생각해 보지 않은 질문이나 문제 제기를 몇 번이나 받곤 했다. 성소수자나 기후위기 문제에 대한 민주당의 입장, 왜 여성 의원 비율이 보수정당과 차이가 없는 건지 등등 문제 제기 하나하나가 나로 하여금 민주당의 위상과 역할을 진지하게 돌아보게 했다.

또 한 번은 당내 위원회에서 위원으로 활동할 때다. 당으로 들어오는 민원이나 제보의 대부분은, 후보 본인이 얼마나 능력 있는 후보라거나 좋은 정책에 관한 것이 아니라, 경쟁자가 얼마나 나쁜 사람인지, 얼마나 극악한 불법을 저질렀는지 폭로하는 내용으로 가득했다. 내 앞에 쌓인 자료들을 보며 한숨만 나왔다.

굳이 남의 일도 아니었다. 나 역시 군산에서 정치를 한다는 소문이 퍼지면서 몇몇 청년들이 찾아왔다. 그들은 기존 지역 정치인들이 이미 뭉칫돈을 주고 선거활동을 하고 있고 자기들도 이런저런 선거운동을 할 테니까 활동비를 대라는 것이었다.

나는 곧바로 거절했다. "청년이면 기존 정치인과 달라야 하는 것 아닌가? 기존 방법과 똑같이 할 거면 선거운동은 무의미하다. 그럴 거면 기존 정치인이 계속 정치하는 게 맞다. 나에게 정치는 세상을 바꾸기 위한 수단이지 정치 자체가 목적이 아니다. 나는 불법적으로 선거운동을 하고 싶지 않다. 활동비는 드릴 수 없다. 함께 못하신다면 어쩔 수 없다."

결국 그 청년들과는 결별했다. 그러면서 정치를 하려는 내 마음의 동기를 점검했다. 정치의 현실은 이런데 나는 너무 정치 이상에 빠져 있는 게 아닌가? 정치 현실을 무시한 채 제대로 정치판에서 역할을 할 수 있을까?

나는 마음을 다잡았다. '수억 원씩 써가며 선거운동을 하고 그 선거운동으로 식당이나 지역 사람들이 먹고사는 구조라면, 그 지역은 얼마나 암울한 곳이며, 그 정치는 얼마나 썩은 것인가. 그러니 청년이나 여성이 중앙정치는커녕 지방정치에조차 진입이 힘든 것이다. 이 선거구조, 정치구조를 바꿔야 한다.' 결국 나는 기득권과 부조리의 잔치판을 통쾌하게 뒤엎는 바보의 1승을 꿈꾸며 걸음을 내디뎠다.

북향민 여성들의 억울한 사정을 해결하기 위해서는 소송도 필요하지만 법이나 제도 개선이 급선무다. 하지만 기자회견에 같이 참여해 달라고 호소하기 위해 여야 국회의원을 찾아다니면서 나는 답답한 벽 같은 걸 느꼈다. 다들 바빴다. 나름의 바쁜 이유들도 다 있었다. 하지만 본질적인 것은 무엇보다 탈북 여성은 표에 별로 도움이 안 된다고 생각하는 것 같았다.

정치의 본질, 국회의원의 본질이 사람들을 대리하는 것, 특히 목소리 없는 사람들의 목소리가 대신 되어주는 것 아닌가. 하지만 내가 만난 많은 국회의원들은 대리하거나 대변할 사람이 따로 있는 것처럼 행동했다. 아니, 사람들을 대변하기보다는 스스로 앞가림하는 데 급급해 보였다. 정치는 국민의 뜻을 대변하는 수단인데 그들은 정치를 목적으로, 스스로를 왕으로 생각하는 것 같았다.

아마 이렇게 느끼고 생각하는 사람들이 나만은 아닐 것이다. 영화 '정직한 후보'에도 그런 장면이 등장한다. 입만 열면 거짓말을 하는 국회의원 주상숙은 심지어 할머니까지 죽었다고 거짓말을 하고 그 할머니를 산속에 감금한 채 비영리재단을 만들어 선거에 이용한다. 그런 손녀가 너무 보기 싫어서 손녀가 바뀌기를 정화수를 떠놓고 기도하고, 주상숙도 선거에 이기게 해달라고 기도하는데 번개가 내려침과 동시에 기도는 응답받게 된다. 주상숙은 이제 입만 열면 사실을 말하는 정직한 후보로 180도 바뀐다. 한순간에 국민 사이다란 별명을 얻는다. 주상숙이 바뀌고 나서 한 말 중에 하나가 "국민은 나를 위해 존재한다"는 것이다.

그 대사를 보면서 이게 진짜 정치인들이 생각하는, 국민들이 보는 정치인의 속마음이겠다는 생각이 들었다. 지금 윤석열 정권에 딱 들어맞는 말 아닌가 싶다. 권력은 견제받아야 한다. 견제받지 않는 권력은 결국 국민을 해치는 괴물이 될 수밖에 없다. 국회의원이나 대통령도 마찬가지다. 특히 대통령은 국민으로부터 선출받은 권력이지만 국민의 뜻에 위반한 정치를 할 때는 책임을 물어야 한다. 탄핵소추제가 있긴 하지만 명백한 비위가 아닌 이상 탄핵이 쉽지 않다. 대통령제를 연임으로 하되 중간에 평가를 받도록 하는 미국식 대통령제도 고려해볼 만하다.

같은 대통령제지만 미국 대통령보다 더 막강한 권력을 가지고 있다는 한국 대통령의 권력을 처음부터 분산하는 작업도 필요하다. 총리는 국회에서 선출하는 이원집정부제 형태로 총리가 실제적인 내각을 장악하도록 하는 방안도 생각해볼 수 있다. 그럴 경우 대통령은 국방, 외교 등에 집중할 수 있다.

내가 꿈꾸는 정치

동양 사람은 숲만 보고 나무를 소홀히 하는 경향이 있고, 서양 사람은 나무만 보고 숲을 소홀히 하는 경향이 있다. 나는 숲도 보고 나무도 보는 정치인이 되고 싶다. 그래서 우리 사회의 미래를 위한 큰일도 중요하게 여기고 치열하게 고민하지만, 그들과 같은 눈높이로 길가에 핀 꽃, 아이들과 목소리 없는 약자들의 작은 목소리를 많이 들으려 하는 편이다. 길가에 핀 꽃과 나무를 보며 매년 변해가는 기후의 변화와 우리의 대처, 국제적 연대에 대해 고민하고, 아이들과 사회적 약자들의 작은 목소리에 귀 기울이면서는 우리 국민의 형편, 우리 정치의 현주소를 생각하게 된다. 나는 숲과 나무를 함께 보면서 한국 사회를 제대로 바라보고 싶다. 나라의 주인인 국민들에게 살 맛 나는 환경을 만들어 주고 싶다.

한국을 방문한 이스라엘 의원들과 얘기를 하다가 충격을 받은 적이 있었다. 이스라엘 의회는 전원 비례대표로 선출하고, 그 비례대표 정당은 종교적으로 다양하기까지 하다고 한다. 우리가 보기에 이스라엘은 유대교 정당만 있을 것 같은데 실상은 달랐던 것이다. 반면, 우리 사회는 물론 외형적으로는 여러 정당들의 이름이 있지만 정말 뜻이 있고 참신하며 배경이 없는 사람들은 대개 정치하기가 불가능에 가깝다. 세상을 바꿔보겠다는 큰뜻을 품었다가도 정치의 높은 문턱 때문에 좌절하고 결국 꿈을 포기하고 만다. 프랑스 마크롱 대통령과 같이 젊고 유능한 정치인이 한국에서 찾아보기 힘든 이유다.

민주주의는 다양성을 특징으로 한다. 국민 한 사람 한 사람, 시민들의 다양한 의견이 집합하는 곳이 바로 정치이고 국회다. 그래서 여의도는 늘 시끌벅적할 수밖에 없다. 우리 사회의 소수집단들, 즉 성소수자, 청년, 노동자, 여성, 심지어 다문화 사람들까지도 민의의 전당에 발을 들여놓을 수 있어야 한다. 그런 사람들이 마음껏 정당을 만들고 참여할 수 있을 때 우리 사회는 다이내믹한 민주사회로 한 걸음 더 업그레이드될 것이다. 목소리가 없는 사람들의 목소리가 되어주는 것, 그것이 대한민국 정치가 가야 할 길이다. 정치의 목적은 정의의 실현에 있고, 그 수단으로서 권력이 있기 때문이다. 정치인이 정의를 다시 세워 국민에게 돌려줘야 하는 이유이기도 하다.

결국 정치의 가장 중요한 역할은 ① 우선순위를 정하고 ② 우선순위를 실행하기 위해 국민에게 설명하고 설득하며, ③ 내가 행동한 결과에 대해 책임을 지는 것이라 생각한다. 물론 무엇이 국민과 국가를 위해 올바른 것인지에 대해 주어진 답은 없다. 정치의 가치란, 국내외 불확실한 상황과 등가교환(trade off) 속에서 국민을 위해 우선순위를 정하고, 내가 결정하고 행동한 것에 대해 책임지는 데 있는 것이다.

우선순위를 정할 때 나의 판단기준은 다음과 같다.

·과거보다 미래
·이념보다 실리(외교·안보, 경제적 안정과 발전, 사회복지)
·진영보다 통합

그러나 지금까지의 민주당과 국민의힘은 미래보다 과거로 눈을 돌리고, 통합보다 진영을 우선시하며, 대화보다 대립을, 전진보다 보복을 위해 막대한 에너지와 시간을 소모했다. 자신의 장점을 가지고 설득하기보다는 상대의 단점을 파고들어 반사이익을 얻으려고 한다. 검찰을 포함한 사법부를 정치에 개입시키려 하다 보니 타협이나 양보보다는 상대에 대한 처벌과 보복의 정치로 점철된다. 이는 결국 검찰과 사법의 과도한 정치화를 초래하고 이들에게 과도한 정치적 영향력을 몰아주는 꼴이 되고 만다. 정권이 바뀌면 서로를 적폐라 규정하며 보복하는 악순환의 고리를 이제는 끊어야 한다.

우리 사회의 문제 중 하나는 '행복의 기준'이 너무 타율적이고 획일적이라는 점이다. 사람들은 좋은 학교, 비싼 차, 넓은 평수의 집, 명품 가방 등으로 서로의 부와 능력을 평가하며 상대적 행복과 불행을 느낀다. 이러한 천민자본주의를 타파하고 한국 고유의 브랜드 가치로 국민 모두가 행복할 기회를 부여하는 것, 그것이 정치의 역할이다. 이는 정치인들이 시대착오적 이념논리에서 벗어나 오로지 국익을 기준으로 하는 실리 추구를 할 때에 가능하다.

나는 정치에 있어 오직 국민만 바라보고, 국익이 기준이기에 진영의 논리에 연연하지 않으려 한다. 앞으로도 보수나 여당의 언행이나 좋은 것은 좋다고 평가하고 진보나 야당의 언행이나 나쁜 것은 나쁘다고 비판할 것이다. 반대를 위한 반대, 반사이익의 쉬운 정치는 이제 끝내야 한다.

2023 대한민국 검찰공화국

민주공화국 대한민국이 어느 때부터 검찰공화국이 되어 버렸다. 윤석열 대통령부터 한동훈 법무부 장관, 원희룡 국토교통부 장관, 권영세 통일부 장관, 윤재순 대통령실 총무비서관, 이복현 금융감독원장 모두가 검찰 출신이다. 이들은 대통령과 서울대 법대 혹은 사법연수원 동기, 그렇지 않으면 검찰 근무 때 인연을 맺은 사람들이다. 검찰 출신의 대통령의 사람들인 셈이다.

그밖에 대통령실 비서관들도 검찰이 꿰차고 있다. 참여연대 발표에 따르면 2023년 3월 기준 정부 주요 직위 인사들 중 136명이 검찰 출신이다. '검찰공화국'이라는 비판은 검찰 출신 숫자가 많아서이기도 하지만 이들이 빚어내는 부작용이 너무나 크기 때문이다.

원래 법조계에는 율사들이 설치고 다니면 사회가 혼탁해진다는 말이 격언처럼 전해진다. 따라서 늘 몸가짐, 마음가짐을 조심하려는 게 일반적인 변호사, 판사들의 모습이다. 아마 검사들도 그럴 것이라 믿는다. 그런데 '검찰공화국'이 되면 얘기가 달라진다. 그것은 수사하듯이 국정을 운영한다는 뜻이기 때문이다. 그 부작용은 벌써 온 사회를 들쑤셔놓고 어지럽혀 놓고 있는 데서 드러난다.

검사의 사고방식

업무 때문에 검사들과 만나서 얘기할 때가 종종 있었다. 그럴 때마다 그들의 사고방식을 이해하기 어려울 때가 한두 번이 아니었다. 내가 국가보안법으로 기소된 북향민 여성을 변호할 때 평소 알고 지내던 검사와 얘기를 나눈 적이 있었다. 나는 그녀의 딱하고 억울한 사정을 열심히 설명했는데 그 검사는 "전 변호사, 정신 차려" 하는 것이었다.

그 검사의 설명이었다. "그 여자는 이미 북한도 배신하고 온 사람이야. 여기 남한도 언제든 배신하고 갈 수 있는 사람이지. 그 여자는 나중에 이중간첩이 될 수도 있어. 전 변호사의 정보도 얼마든지 북한에 다 넘길 수 있는 사람들이야. 걔네들 무조건 믿지 마라." 한마디로 북향민을 잠재적인 '이중 스파이'로 보고 있는 셈이었다. 생각지도 못한 말에 나는 큰 충격을 받았다.

우리 헌법이나 법률에 따르면 북향민은 분명 대한민국 사람이다. 물론 북향민 중에는 불순한 의도로 남한에 오는 사람이 있을 수 있고, 그들을 걸러내야 하는 건 맞지만 모든 북향민을 그런 식으로 보는 건 정상적일 수 없는 것이다. 나는 그런 검사의 모습에서 공안에 매몰돼 자기도 모르게 비정상적이 되어 버린 상태, 이분법에 빠져 정상적인 사고를 할 수 없는 대한민국 검찰의 심각한 단면을 읽을 수 있었다.

그들은 서로를 가족이라 칭하고, 가족으로 통한다. 어쩌면 실제 가족보다 더한 가족 집단이라고 할 수 있다. 많은 사람들이 '군대보다 더한 조직'이라며 검찰의 위계질서를 강조하지만, 엄격한 위계질서 뒤에는 가족이라는 끈적한 유대관계가 얽혀 있다.

그러니까 검사 중에 누군가 범죄를 저질러도 "우리 가족인데" 하면서 아예 기소를 하지 않거나 뭉개버리는 일이 많다. 그들의 술 문화는 그야말로 가족의 전형이다. 룸살롱을 가서도 검사가 접대부들에게 "우리 차장님은 뭘 좋아하시고", "우리 부장님은 어떤 스타일이고" 이렇게 다 교육을 시킨 다음 접대하게 한다는 이야기도 들었다. 일반적인 조직에서는 도저히 상상할 수 없는 일일 것이다.

끈끈하면서도 위계질서가 강한 세계에서도 내부 고발자는 나올 수밖에 없다. 임은정 부장검사, 서지현 검사 같은 분들이 대표적이다. 이들은 검사들의 불합리와 부조리, 폭력성에 맞섰다. 사회적으로 이슈가 되고, 그 때문에 검찰의 자정 노력에 플러스가 됐던 것도 사실이다.

하지만 검찰 세계에서는 '배신자'로 낙인이 찍혀버리고 만다. 그 때문에 인사상 불이익을 당하거나 검찰 세계에서 쫓겨난다. 내부 고발자가 조직에서 배제되는 일은 다반사이지만 검찰처럼 그 조직이 끈끈하고 위계질서가 강할수록 배제의 강도는 더 셀 수밖에 없는 것이다.

우리나라의 검찰은 세계적으로 유례를 찾기 힘들 정도로 수사권, 기소권, 영장청구권을 모두 독점하고 있다. 그러니까 검찰이 얼마든지 마음 먹고 걸면 유죄가 되고 안 걸면 무죄가 되는 것이다. 유검무죄(有檢無罪) 무검유죄(無檢有罪)인 세상이다.

이러한 제도가 안하무인식 행동, 이분법적 사고의 괴물을 만든 것이라고 생각한다. 그 제도를 고쳐 검찰 권력을 분산시키려고 법 개정을 추진했던 문재인 정부의 조국 전 법무부장관은 멸문지화를 당하고 말았다.

야당 대표를 취임 1년이 넘도록 만나주지 않는 대통령은 정치적·상식적으로 보면 도무지 이해가 안가지만, 검찰의 시각에서 보면 이해가 간다. 야당 대표를 피의자, 범죄자로 보기 때문이다. 심지어 법원에서 야당 대표에 대한 구속영장을 기각했는데도 구속영장 기각이 무죄를 뜻하는 건 아니라며 여전히 범죄자 보듯 야당 대표를 보고 있다. 죄가 없는 사람도 죄를 만들 수 있다는 오만하고 무소불위한 검찰의 민낯이 그대로 드러나는 대목이다.

문제는 검찰이다

김대중 대통령은 자신을 죽이려 했던 박정희 대통령을 위해 기념관을 지어주고, 자신에게 사형선고를 내렸던 전두환을 청와대 만찬에 빠짐없이 초대했다. 사회 통합을 위해서였다. 그런데 윤석열 대통령은 사회 통합 따위엔 전혀 관심이 없다. 대통령임에도 검찰총장처럼 범죄자를 점찍어 놓고 수사를 지휘하고 있다. 세상이나 사람을 이분법적으로 보지 않고, 용서와 화해를 통해 사회를 통합해 나갈 수 있는 대통령의 부재가 우리 사회 모든 비극의 원인이 되고 있는 것이다.

내가 어느 대학에서건 특강을 할 때면 학생들에게 빼놓지 않고 강조하는 게 있다. 인공지능(AI)이 모든 걸 만들고 끌어가는 세상에서 우리에게 꼭 필요한 능력은 바로 공감이라고 말이다. 똑똑해서 많이 아는 사람이 훌륭한 지도자가 아니라, 상대방에게 공감할 수 있는 사람이 훌륭한 지도자 감이라고 말이다.

그런데 불행하게도 지금 대한민국의 대통령은 공감 능력이 전혀 없는 사람인 것 같다. 이는 그가 했던 말, 그가 보여줬던 행동에서 벌써 여러 차례 드러난 것이기도 하다. 그 공감 능력의 부재는 검사들의 공통점이라고도 할 수 있다.

윤석열 대통령은 검찰 조직 중에서도 특수부에서 뼈가 굵었다. 특수부의 특징은 한마디로 '저인망식 수사'다. 저인망은 바다의 밑바닥에서부터 시작해 작은 물고기까지 모조리 잡는 것이다. 특수부의 수사가 그렇다. 일명 '압수수색'으로 대표되는 방식이다. 우리 사회에서 압수수색이 유행어처럼 남발되는 것도 특수부 출신 대통령, 특수부 출신 법무부 장관이 검찰을 지휘하고 있기 때문이다.

특수부 검사들은 '털어서 먼지 안나는 사람 없다'는 말을 신봉한다. 누구나, 어떤 식으로든 범죄의 소지가 있고, 따라서 압수수색을 하면 다 걸린다는 것이다. 그러니 야당 대표든 누구든 일단 범죄 혐의를 언론을 통해 터뜨리고, 그 다음에 압수수색을 수십 번 수백 번 거듭하는 것이다.

그렇게 해서 수많은 수사 자료를 긁어모으고, 그렇게 모아진 자료들을 기소장에 맞춰 이리저리 엮으면 그럴듯한 범죄자가 탄생하게 되는 것이다.

'압구정 정부'. 나는 이런 윤석열 정부에게 '압구정 정부'란 별명을 붙인다. '압수수색, 구속영장, 정치수사'의 줄인 말이다. 윤석열 정부에게 참으로 적절한 압축적 표현 아닌가. 이러한 압구정 정부의 문제점에 대해 미국의 뉴욕타임스를 비롯한 외신들은 언론을 탄압하고 통제하며 제1야당 대표를 무리하게 수사하는 검사 출신 윤석열 대통령이 한국의 민주주의를 쇠퇴시키고 있다고 비판한다. 과거 박정희, 전두환, 박근혜 대통령 또한 외신에서 비판적인 기사가 지속되다가 결국 다 비정상적으로 권좌에서 물러난 적이 있다. 지금대로라면 윤석열 정권의 미래 또한 다르지 않을 것이다.

한국은 '정치의 사법화'가 문제다. 정치적 다툼이 일어나면 우선 검·경에 '고소'부터 하여 사법부의 판단에 의해 정치권의 운명이 좌우된다. 검찰의 정치 종속화, 정치의 검찰 종속화는 이 과정에서 일어난다. 대부분 선진 국가의 검찰은 표적수사나 무리한 구속기소를 해서 무죄나 불기소가 되면 처벌을 받는다. 그 외 이중삼중으로 검찰에 대한 견제장치를 두고 있다. 그런데 우리나라 검찰은 무리한 정치적 구속기소 후에 법원 판결로 무죄가 나와도 기소에 대한 책임을 지지 않는다. 오히려 보란 듯이 승진 길에 오른다.

괴물이 되어버린, 그래서 대한민국 사회를 망치고 있는 검찰공화국을 민주공화국으로 되돌려 놓는 일 또한 민주당과 우리 모두의 몫이라고 생각한다. 이제 검찰은 정권의 시녀가 아니라 냉철하고 엄정하며 철저한 수사로 국민의 절대 신임을 회복해야 한다. 윤석열 정권의 수호자로서의 '사상 검찰'이 아닌 국민 인권의 보루로서의 '민생 검찰'로 거듭나야 한다.

외교·안보는
민생을 위해야

내가 외교관을 꿈꾼 것은 중학교 시절 김구의 『백범일지』를 읽고서 였다. 화가의 꿈이 엄마로부터의 유전 등 어릴 적부터 잠재된 것이라면, 외교관의 꿈은 독서를 통해 나중에 형성된 것이었다. 그만큼 외교관의 꿈은 간절했다. 대학에서 정치외교학과를 선택한 것도 그 때문이었다. 아마 별이의 사건이 없었다면 나는 지금쯤 남들이 잘 가지 않으려는 아프리카나 남미 어느 나라에서 소명감을 가진 외교관으로 신나게 일하고 있을 것이다.

김구 선생은 일제로부터의 해방 2년 뒤이자 서거 2년 전인 1947년에 쓴 '나의 소원'이란 글에서 대한민국이 가야 할 방향을 뚜렷하게 제시하고 있다. 1919년 3·1 만세운동 직후 상하이로 망명해 1945년 11월 귀국할 때까지 무려 320개월 동안 중국에서 항일 임시정부를 이끌면서 마음속

절절한 기도이지 않았을까 싶다.

"나는 우리나라가 세계에서 가장 아름다운 나라가 되기를 원한다. 가장 부강한 나라가 되기를 원하는 것이 아니다. 내가 남의 침략에 가슴이 아팠으니, 내 나라가 남의 나라를 침략하는 것을 원치 아니한다. 우리의 부력(富力)은 우리의 생활을 풍족히 할 만하고, 우리의 강력(強力)은 남의 침략을 막을 만하면 족하다. 오직 한없이 가지고 싶은 것은 높은 문화의 힘이다. 문화의 힘은 우리 자신을 행복되게 하고, 나아가서 남에게 행복을 주겠기 때문이다. 지금 인류에게 부족한 것은 무력도 아니요, 경제력도 아니다. 자연과학의 힘은 아무리 많아도 좋으나, 인류 전체로 보면 현재의 자연과학만 가지고도 편안히 살아가기에 넉넉하다.

인류가 현재에 불행한 이유는 인의(仁義)가 부족하고, 자비가 부족하고, 사랑이 부족한 때문이다. 이 마음만 발달되면 현재의 물질력으로 20억이 다 편안히 살아갈 수 있을 것이다. 인류의 이 정신을 배양하는 것은 오직 문화이다. 나는 우리나라가 남의 것을 모방하는 나라가 되지 말고, 이러한 높은 문화의 근원이 되고, 목표가 되고, 모범이 되기를 원한다. 그래서 진정한 세계의 평화가 우리나라에서, 우리나라로 말미암아서 세계에 실현되기를 원한다."

놀랍게도 백범 선생님의 꿈은 스포츠, 음악, 영화 등 세계가 인정하고 있는 K-컬처로 현실이 되고 있다. 아울러 이것은 그가 떠난 지 70년이 지난 지금도, 앞으로도 우리나라가 나아가야 할 길이라고 확신한다. 외교의 실무를 담당하는 전문 외교관뿐만 아니라 대통령이나 정치인이 백범 선생의 말씀을 지표로 삼고 외국과의 관계를 풀어간다면 대한민국은

머지않아 세계가 부러워하는 문화강국, 평화의 나라, 세계평화를 견인하는 나라로 자리매김할 수 있을 것이다.

외교안보는 국익 최우선으로

윤석열 대통령은 취임 1주년을 하루 앞둔 국무회의에서 지난 1년간의 국정운영을 자평했다. 특히 외교·안보 성과와 관련 "북한의 선의에만 기댔던 대한민국의 안보도 탈바꿈했다"고 밝혔다. 맞는 말이다. 외교는 선의에만 기대선 낭패를 보기 십상이다. 북한의 선의에만 기대선 안 되는 이유다. 그런데 윤 대통령은 똑같은 우를 미국과 일본에게 범하고 있다. 미국과 일본의 선의에만 기댄 외교정책을 펼치고 있는 것이다.

일제의 질곡에서 우리 민족을 해방시켜 준 나라가 미국이고, 대한민국이라는 자주 독립국가를 수립하는 데 많은 지원을 아끼지 않은 것도 미국이었으며, 한국전쟁이라는 상황에서 우리를 적극적으로 도와준 나라도 미국이었다. 휴전 후에도 미국은 정치, 군사, 경제 등 각 분야에서 한국의 발전을 위해 우방으로서 많은 지원을 아끼지 않았다. 윤석열 정부의 친미적 감정이나 미국에 대한 절대적 신뢰는 이러한 역사적 배경을 기초로 하고 있을 것이다.

하지만 러일전쟁 전후 처리문제를 둘러싸고 미국이 가쓰라-태프트 밀약으로 사실상 일본의 '한국에 대한 종주권'을 인정한 사실, 38선을 경계로 하여 일본군의 항복을 받기로 한 결정이 오늘날 한반도 국토 양단의 비극을 초래한 사실, 한국이 미국의 극동방위선(애치슨 라인) 밖에 있다는 미국 국무부장관의 성명이 한국전쟁의 주요 원인이 되었다는 사실, 최근 미국의 자국 중심의 경제, 안보 정책으로 인하여 우리의 경제 및 안보에도 큰 타격을 초래하면서 과거 절대적인 미국에 대한 신뢰와 우호관계에 의문을 가지게 되었다는 사실 또한 인정하지 않을 수 없는 것이다.

일본과의 관계는 또 어떤가. 윤석열 대통령의 당선을 계기로 한국과 일본간에는 인사 왕래가 빈번해지고 여러 가지 협력을 쌓아가고 있다. 강제동원, 위안부 문제 등 여전히 미해결 상태인 역사적 문제를 그대로 놔둔 채 교류 협력만 하다 보니 양국간 긴장 상태는 풀어지는데 해결되는 일은 하나도 없다. 한국은 일본에 대해 역사, 주권, 영토 문제에서만큼은 고유한 원칙을 가지고 단호한 입장을 견지하면서도, 경제와 안보는 협력하는 태도를 취할 필요가 있다. 하지만 국민적 동의 없는 '제3자 변제안'을 비롯하여 100년 전 일로 일본이 사죄할 필요가 없다는 식의 윤 대통령 발언은, 일본의 선의에만 기댄 일방적 외교라고 할 수 있다. 그 때문에 윤 대통령은 과연 대한민국의 국익을 위하는 것인지 그 정체성마저 의심하는 이들이 적지 않다. 국민은 윤 대통령에게 일본의 과거사에 대한 면죄부를 줄 권리까지 위임하지는 않았다.

외교는 항상 국민의 안전, 생명과 직결되어 있다. 그래서 철저하게 국익 중심, 실리 외교여야 한다. 그런데 윤석열 정부의 외교는 이 같은 원칙을 철저히 내팽개치는 방향으로 가고 있다. 한일관계를 정상화해야 한다는 일념으로 향후 수십 년, 수백 년간 우리 후세들에게 심각한 영향을 끼칠 수 있는 후쿠시마 오염수 방류를 지지해 주고, 우리 대법원에서도 인정한 일제 강제징용 피해자들의 권리를 내팽개친다. 공산전체주의 세력을 뿌리뽑겠다며 철저히 이념을 앞세운다. 미국·일본 일방주의 대열에 서서 우리나라 경제·안보와 직결되어 있는 중국·러시아와는 대척점에 선다. 이것은 국민의 생명과 안전을 위태롭게 하고, 국익을 저버리는 반(反)국민 외교이자 반(反) 국익 외교다.

캐나다, 독일, 프랑스 등 많은 나라들이 우리나라처럼 미국과 동맹 관계이면서도 중국을 최대 교역국으로 유지하는 이유는 간단하다. 이념에 따른 영원한 동지도 적도 없는 현실에서 각 나라들은 경제위기 극복과 생존을 위해 서로를 전략적으로 이용하고 있는 것이다. 그걸 위해 실리를 추구하는 것이다. 그럼에도 윤 대통령은 '미국·일본 바라기' 외교로 질주 중이다. 실리를 저버린 비대칭 외교, 국익을 저버린 불평등 외교는 국민 불안, 국가 불이익으로 돌아올 뿐이다. 대통령은 오직 국민만 생각하고 국익 중심, 실용 외교를 펼칠 의무가 있다.

최근에 새로 등장하는 외교안보적인 도전은 난이도가 과거보다 훨씬 높아졌다. 방정식으로 치자면 과거엔 2차, 3차 방정식이었지만 지금은 4차, 5차 등 고차 방정식으로도 풀기 힘들 정도다. 과거엔 국제적이고 객관적인 관점으로 전 세계의 질서 및 평화와 민주주의 체제를 구축하려는 움직임이었다면, 지금은 강대국들이 자국 중심적 정책, 지역적 블록화가 강화하고 있기 때문이다. 4차 산업혁명에 따른 신안보 위협, 팬데믹, 기후위기, 공급망 확충 등의 문제 또한 쉽지 않다. 그럼에도 대한민국의 외교·안보는 여전히 이념과 당파 속에 갇혀 있다. 1차 방정식에 머물고 있는 것이다.

윤석열 정부는 지금의 '비대칭 외교', '불평등 외교'를 끝내야 한다.

미국은 'America First'(미국 우선주의)를 외치면서 한국에 반사이익을 취하고 있고, 일본 또한 윤석열 대통령을 추켜세우며 자신들의 실리 취하기에 혈안이다. 한국이 미국과 일본 편향적 관계를 고집하기에는 현재 국제관계의 양상이 너무나 복잡하다. 이런 때일수록 대통령은 오직 '국민'만 보고 '국익 중심의 실용외교'를 펼쳐야 한다. 윤석열 정부는 미국과 일본의 인도·태평양 전략에 대한 추종과 의존을 멈추고 우리의 국격에 맞는 자율적 외교 전략을 세워야 한다. 포용적 자유정신으로 탈이념, 진영간 협력과 공감을 통해 당면한 문제를 바라보고 헤쳐갈 때 비로소 대한민국에겐 미래가 있는 것이다.

일본 관계의 해법

한일 관계가 급물살을 타면서 대한민국 외교부가 바빠졌다. 2022년 12월 한일 국장급 회의가 열리고 강제징용 문제에 대한 해법을 찾는다더니, 최근엔 부산엑스포 유치를 위한 한·중·일 정상회담 추진으로 바쁜 일정을 소화하고 있다. 한국과 일본은 일본의 과거사 문제가 발목을 잡고 있지만 과거 1,000년 동안도 지금과 같은 우호관계를 형성해 왔다.

한일관계에 있어 한국은 일본과 독일의 태도를 비교하곤 한다. 그러면 일본은 "우리가 독일처럼 가스실 학살을 자행했냐?"며 자신들이 독일보다 낫다고 항변한다.

하지만 일본은 한국인들이 생명처럼 여기는 성(姓)을 일본식으로 바꾸게 했고, 매일 일본 천황이 있는 동쪽을 향해 절을 하도록 강요했다.

우리 말과 역사를 공부하지 못하도록 빼앗았고 조선 왕이 살았던 궁을 동물원으로 만들었다. 독일은 과거에 대해 철저히 사죄하고 철저하게 과거의 잘못된 역사에 대해 교육을 시키지만 일본은 총리 사죄 후에도 야스쿠니 신사 참배를 이어오고 있다. 독일은 전쟁에서 진 것을 '패전'이라고 하지만 일본은 '종전'이라고 부른다. 독일은 당시 연합군을 '점령군'이라고 하지만 일본은 '진주군'이라고 표현한다. 따라서 일본 시각대로라면 누가, 왜 전쟁에서 승리했고 졌는지, 식민화가 잘못인지 유익한지도 알 수 없게 된다. 일본이 과거 역사를 직시하지 않고 반성하지 않는다는 비판을 받는 이유다. 이는 일본의 정상국가화, 일본의 미래에도 발목을 잡는 원인이 되고 있는 것이다.

결국, 한국과 일본의 관계 회복이 어려운 이유는 1965년 한일 청구권 협정을 둘러싼 한일간에 세 가지 벽이 존재하기 때문이다. 첫 번째는 사실 인정의 벽이다. 한국은 1910년 을사조약으로 인한 한일합병이 국제법상으로 불법이었음을, 일본은 국제법상 정당하였음을 강조하고 있다. 두 번째는 시간 경과의 벽이다. 한국은 일제 치하에서의 강제징용, 종군위안부 등의 행위에 대한 책임을 묻고 있지만, 일본은 상당한 기간이 지나 청구권이 소멸했다고 보고 있다. 마지막으로 정치의 벽이다. 한국과 일본 모두 자국에서 한일관계를 정치적으로 활용하려 한다. 외부의 적을 만들어 내부의 단결을 꾀하는 것이다.

가해자와 피해자가 화해하는 데는 다른 방법이 없다. 가해자의 진정 어린 사과와 피해자의 전적인 수용이다. 실제 이 같은 내용이 외교에서 현실화된 적이 있다. 1998년 10월의 '21세기의 새로운 한일 파트너십 공동성명'이란 제목의 일명 김대중-오부치 선언이다. 선언에서 오부치 총리는 "일본이 과거 한때 식민지 지배로 인하여 한국 국민에게 다대한 손해와 고통을 안겨주었다는 역사적 사실을 겸허히 받아들이면서 이에 대하여 통절한 반성과 마음으로부터의 사죄를 했다"고 적시했다. 아울러 양국은 여기에 기반해 '미래'와 '협력관계'를 언급하고 있다. 이것은 한일관계가 얽히거나 새로운 출발을 하려 할 때 늘 롤모델로 언급되는 것이다.

한국의 피해자나 정치권, 언론, 시민단체에서 지속적으로 일본에 요구하는 것은 '진정한 사죄'다. 그런데 지금까지 한국에서는 '진정한 사죄'에 대한 구체적 정의가 없었다. 이에 대해 여러 가지 의견이 있겠지만 나는 여기에서 '진정한 사죄'란 사과를 표현하는 말과 사과 후 행동이 일치하는 사과를 의미한다고 본다. 이러한 의미에서 과거 일본 총리의 피해자에 대한 편지나 사과는 현직 총리의 야스쿠니 신사 참배로 인해 의미가 바래졌고, 그러한 언행불일치는 결국 한국으로부터 책임 추궁을 반복해 왔음을 일본은 직시할 필요가 있다. 결국 한국인 피해자에 대한 일본 현직 총리의 직접적 사과 및 사과 후 '일관성 있는 모습'이 있을 때, 한국 측의 거듭된 사죄 요구 또한 사라지게 될 것이다.

이러한 일련의 과정 후 한국과 일본 기업이 화해와 상생이라는 새 시대의 요구에 부응해 자발적으로 강제징용피해자지원재단에 돈을 기부하게 된다면, 한일관계가 한일 양국 국내 정치의 종속변수로 활용되는 악순환도 끊어질 수 있을 것이다. 한일 두 나라가 이렇게 '김대중·오부치 선언'의 정신을 계승해 상호 이해와 협력의 방향으로 나아간다면 유럽연합의 독일과 프랑스 못지않게 각자의 번영과 동북아 평화, 세계평화에 막대한 공헌을 할 수 있으리라 믿는다.

북한과의 새로운 관계 설정

윤 대통령은 북한의 잇따른 탄도미사일 발사에 대해 "힘에 의한 평화", "압도적인 전쟁 준비"를 언급하고 있다. 이는 북한을 더욱 자극해 또 다른 도발을 낳고, 한반도 긴장을 고조시킬 수밖에 없다. 결과는 경제 불안, 민생 위기다. 이를 위해 미국·일본에 경도된 외교를 펼치면서 경제적으로 긴밀하게 연결된 중국과는 멀어진다. 그에 따른 피해는 고스란히 국민 몫이다.

미국 외교계 원로 헨리 키신저는 미국이 중국과 전략적 경쟁에 매몰되어 있는 상황에서 제로섬의 패권경쟁이 아닌 '디리스킹(de-risking)'을 강조해왔다. 미국과 중국이 협력해 새로운 세계 질서를 만들어 낼 것을 역설한 것이다. 그 때문인지 모르지만 미국과 중국은 전략적 경쟁 와중에도 고위급 접촉을 비롯한 전략적 대화를 이어가고 있다.

우리의 외교도 이 점을 주목할 필요가 있다. 향후 미중 경쟁이 지금보다 더 격화된다 할지라도 북한과는 '연성 안보'에 기반해 국제협력과 연대를 주도해 가야 한다. 반공주의와 군사주의에 기반한 북한과의 대결이 아니라 대한민국의 경제력, 군사력과 소프트파워를 바탕으로 미국과 중국 중 하나의 선택이 아닌, 자체 외교안보의 중심과 기준을 가지고 유연하게 대처하는 것이다. 북한의 핵과 미사일 위협, 미중경쟁과 역내 군비경쟁 등 급변하는 안보환경에 맞춰 자체 억지력을 갖추는 것은 물론 안보외교를 통해 긴장을 완화해야 한다. 또한 북한이 남북 대화에 참여하도록 정부는 끈기 있고 일관되게 접근할 필요가 있다.

또한 북한 문제에 대해서는 투 트랙의 접근이 요구된다. 그것이 실용 외교이고 국익 외교다. 2023년 현재 남북은 서로를 '주적'으로 간주하며 긴장과 대결을 쌓아가고 있다. 진정 북한 내부의 변화를 야기하고 인권 증진을 위한다면 남북한 교류와 협력이 절대적으로 필요하다. 진보, 보수 정권에 상관없이 평화와 인권이라는 투 트랙의 길을 가야 한다. 북한과 대화 시 이익과 불이익을 병행하면서 할 말은 당당히 하는 '힘 있는 협상'을 추진할 필요가 있다. 핵 억지부터 핵 협상, 북한인권 문제에 이르기까지 실용적이고 실효적인 해법을 모색해야 한다.

10.29 이태원 참사 국가배상청구

나는 이상하게 약자들 앞에서는 한없이 약해지는 사람이다. 초등학생 때부터 친구가 누구한테 얻어맞거나 동생들이 놀다가 따돌림을 당할 때면 곧장 '센 녀석'에게 복수를 하고, 따돌린 녀석들을 혼내놓고야 마는 성격이었다.

이러한 성격은 커서도 바뀌질 않는다. 20년 가까이 북향 여성들의 변호에 매달리고 있는 이유이기도 하다. 주위에서는 '변호사가 왜 수익도 안 되는 일을 하냐?', '명예욕이나 다른 의도가 있는 것 아니냐?' 등등 별 얘기를 다 하지만 그건 내 성격을 몰라서 하는 말이다. 그러다보니 내 주위엔 유독 사회적 약자들이 많이 있는 것 같다.

이태원 참사가 나고 며칠 뒤인 2022년 11월 초였다. 그렇지 않아도 황당하고 황망함에 안절부절못하던 참이었다. 북향민인 학교 제자로부터 전화가 걸려왔다. 제자는 울먹이는 목소리로 말했다. "교수님, 이번 참사로 제 가족이 피해자가 되었어요. 어떻게 해야 할지 모르겠어요."

순간, 나는 내가 마치 이태원 참사 유가족인양 망연자실해야 했다. 그 뒤로 외국인 청년도 나한테 "친구가 참사 희생자가 되었다. 도와달라"며 전화를 해왔다. 도와달라는 유족들의 요청과 전화는 이후로도 이어졌다.

당시 우리 정부는 '참사 영상 유포 금지', '피해자 실명 게재 금지', '피해자 유족간 연락 및 접촉 금지' 등의 강압적 분위기로 참사를 몰아가고 있었다. 거기다 책임져야 할 지방자치단체장이나 정부 관리, 경찰은 '모르쇠' 하거나 책임 떠넘기기에 여념이 없었다. 큰 충격과 슬픔에 빠져 있던 참사 희생자들의 유가족들은 끓어오르는 심한 분노를 꾹꾹 눌러야 했다. 유가족들은 누가 유족인지도 모르는 상황에서 어떻게 해야 할 바를 전혀 몰랐다.

이태원 참사 국가배상 소송에 나서다

정부는 유가족들이 부탁하지도 않았는데, 친절하게도 애도의 강도와 범위, 기간을 규정했다. 애도 기간이 끝났지만 정부 관계자 그 누구도 책임지려 하지 않았다. 애도 기간이 끝나자 이제 모든 게 끝난 것처럼 유가족들을 몰아붙이려 하고 있었다. 이런 정부의 행태를 비판하자 정부와 여당은 되레 '재난을 정치화하지 말라'며 위협했다.

이러한 태도는 상식적으로 이해가 안되는 것이거니와 헌법을 봐도 말이 안 되는 행태였다. 대한민국 헌법 제34조 제5항에 따르면 국가는 재해를 예방하고, 그 위험으로부터 국민을 보호하기 위해 노력해야 한다. 그럼에도 정부 부처 기관장들은 "우리는 할 만큼 했다", "인파가 몰릴 것을 예상했으나 이런 사태가 일어날 줄 몰랐다"라며 책임 회피에 급급했다. 국가는 국민의 생명보호와 안전에 무한책임이 있음에도 끝까지 잘못을 인정하려 하지 않았다. 오히려 정부는 참사 다음날, 시민사회 동향 파악을 지시하며 이번 참사로 인해 국민들의 분노와 연대의 규모가 커질 것을 막으려는 데 더 힘을 쏟았다. 위정자들에겐 희생자의 안위는 관심에도 없고 오로지 정권의 안위가 더 우선순위였던 것이다.

이런 상황을 두고볼 수만은 없었다. 나는 총대를 메기로 했다. 피해자 유족들의 억울한 목소리를 대변하기 위해 법률검토와 변호인단 구성 후 11월 8일부터 국가배상청구인단 모집을 시작했다. 이태원 참사가 발생한 지 10일 만이었다. 많은 이들이 관심을 나타냈다. 법률 상담을 위해 이메일, 사무실 번호를 공개해야 했는데, 하루 전화의 50%는 참사의 유가족 분들이나 지인들 상담, 30%는 응원과 격려, 그리고 20%는 욕설과 저주였다. 욕설과 저주는 충분히 예상했으니 전혀 이상할 게 없었다.

많은 언론과 시민단체에서도 관심을 가져주었고 격려해 주었다. 하지만 일부 언론은, 내가 유족들을 직접 만나서 소송하자고 부추기며 다닌다는 식으로 보도했다. 웃음이 나왔다. 그것은 나에 대한 엄청난 과대평가이기 때문이다. 나는 변호사이지만 나 역시 평범한 일반 국민에 불과했다. 따라서 이태원 참사 유가족 분들이 누구인지, 그들의 연락처가 뭔지 전혀 모르고 있었기 때문이다. 내가 희생자 분들의 가족과 부상 피해자 분들을 지원할 수 있는 방법은 이분들이 먼저 나서서 나에게 법률지원을 요청할 때에만 가능했다. 이번 소송을 추진하기에 앞서 나는 쉽지 않은 소송이고 여러 곳에서 공격이 있을 거라고 예상했다. 역시 예상은 빗나가지 않았다. 말도 안 되는 그럴싸한 보도 앞에 변호사도 위축되는데 하물며 유가족 분들이야 오죽했을까.

숨죽여 울어야 했던 유가족들

나는 사회적 약자들의 억울함을 못 본 채 지나칠 수 없었다. 더군다나 나에게 직접 도움을 요청해온 소송 당사자들의 목소리를 마냥 뭉개고 있을 수가 없었다. 끓어오르는 양심의 소리를 마냥 누르고 있을 수는 없었다. 참사에 대해 윤석열 정부의 그 누구도 책임지는 사람이 없기에, 이 이태원 참사 국가배상청구 소송은 내가 해야 할 일이라고 생각하고 나섰다.

법률지원을 진행하면서 많은 유가족 분들을 만나 상담했다. 그 분들은 하나같이 정부 행태에 분노하고 있었다. 동시에 자신의 아들 딸이 무참히 죽어간 슬픔 앞에서 무력감과 좌절감을 느끼고 있었다. 국가는 애도 장소와 기간을 지정해 줬지만 유가족들은 차마 슬픔을 표출하지 못했다. 그곳엔 아들 딸의 이름도 얼굴도 없었기 때문이다. 무엇보다 참사의 원인을 밝히는 진상규명, 책임자 처벌이 이루어지지 않았기 때문이다. 그럼에도 책임을 다하지 않는, 발뺌하기에 급급한 이런 정부에 대해 유가족들은 절규하고 원망하고 소리 지를 수가 없었다. 죽음을 정치화한다는 비판 때문이었다. 애도 기간 내내 유가족들은 숨죽인 채 슬픔과 분노를 속으로만 삭여야 했다.

참사 발생 직후, 한남동 주민센터에 있던 꽃다운 청년들의 시신은 연고도 없는 서울과 수도권 각 병원으로 실어 날라졌다. 유가족들이나 지인들이 애타게 물어봐도 현장의 공무원들은 자신들도 모른다면서 이름을 확인시켜 줄 수 없다고 했다. 참사 이후의 처리에 대해 지휘부의 지시나 그 어떤 매뉴얼조차 없었던 것이다. 사람들이 이름과 얼굴도 모르는 희생자를 위해 추모할 동안, 유가족들은 자식들의 시신을 찾아 병원을 떠돌아야 했다. 연고도 없는 지역 영안실에서 차가운 시신으로 변한 자녀들을 대한 유가족들은 차마 3일장을 지내지 못하고 곧바로 화장을 해야 했다. 이 끔찍한 현실을 받아들이지 못한 채 피하고 싶어했던 것이다. 간신히 자신의 자녀가 살아돌아와 현관 앞에 선 모습을 본 부모들은 자녀의 처참한 모습에 놀라 기절한 경우도 있었다. 그러나 정부는 '참사'가 아닌 '사고'로, '희생자'가 아닌 '사망자'로 명명하며 일방적으로 분향소를 만들어 운영했다. 이것은 희생자 유족들에 대한 2차 가해이자 국가 폭력이었다. 참사에 책임 있는 관계자들은 자신들의 책임이 아니라며 연신 꽁무니를 빼고 있었다.

이태원 참사 희생자 유족이 바라는 것은 진심어린 사과와 진상규명, 책임자 처벌이었다. 참사 발생 전날 20만 명 이상 인파가 몰릴 거라고 예측했고, 용산구청장은 참사 전날 할로윈 행사 안전에 만전을 기하겠다고 했지만, 막상 참사 당일엔 안전은 내팽개친 채 자신의 고향에 내려가 버렸다. 용산경찰서장은 참사 발생 4시간 전에 112에 경찰 통제를 요청했지만, 막상 압사당할 것 같다는 신고가 여러 차례 들어왔는데도 제대로 된 조치를 취하지 않았다. 경찰 특수본에서는 참사 당일 실질적 컨트롤타워였던 용산소방서장을 입건하며 실무자에게 책임을 떠넘기려 했다. 이러한 대한민국 정부와 지방자치단체, 공무원들의 무책임, 무공감, 무능력에 기반한 위법적 행위는 고의 또는 과실로 인한 국가손해배상이 인정될 여지가 컸다. 나는 쉽지 않은 소송이지만 다툼의 여지가 크고, 승소할 확률도 높다고 봤다.

접어야 했던 국가배상소송

이 국가배상소송은 섬처럼 흩어져 있고 고립되어 있는 유가족들에겐 메마른 가뭄에 한 줄기 단비 같은 것이었다. 우선, 11월 말 쯤 유가족 분들을 모시고 간담회를 개최하기로 했다. 유가족 분들끼리 서로 소통하고 연대하고, 눈물 흘리며 서로를 위로할 수 있는 자리가 무엇보다 필요하다고 봤기 때문이다.

그런데, 그 즈음 여기저기서 진상규명과 책임자 처벌을 위한 움직임이 나타나고 있었다. 민변(민주사회를 위한 변호사 모임)은 소송을 추진하고, 국회는 특별법을 진행했다. 결국 이런 흐름 속에서 더 총체적인 진상규명을 위해, 힘을 하나로 모으기 위해 국가배상소송은 접어야만 했다. 아쉬웠지만 거대한 참사 앞에서, 슬픔과 충격에 빠진 유족들을 위해 내가 할 수 있는 일은 거기까지였다.

그후 민변 소송과 국회 특별법도 정부와 여당의 비협조적인 태도로 제대로 진행되지 못했다. 국가배상소송을 접은 게 못내 아쉬웠지만 어쩔 수 없었다. 만일 앞으로도 내게 이런 도움의 요청이 온다면 나는 앞뒤 재지 않고 요청에 응할 것이다. 무엇보다 제대로 된 이태원 참사의 진상규명과 책임자 처벌이 어떤 형태로든 조속히 이뤄져야 한다. 그것은 이 땅에서 하루하루를 힘겹게 버티며 살아가는 이웃들에게 희망과 용기를 줄 것이다.

군산의
내일을 위하여

누구에게나 고향은 아름답고 그리운 곳이다. 내가 나고 자란 군산도 그렇다. 굽이굽이 흐르던 금강과 만경강이 갯벌로 한데 펼쳐져 바다를 이루는 곳, 서해에서는 드물게 변산반도, '신선이 노니는 섬'이라는 뜻의 선유도라는 비경을 간직하고 있는 곳. 나는 이곳에서 꿈을 키우고 생각이 자랐다.

바다만큼이나 드넓은 호남평야는 우리나라의 대표적인 곡창지대로 손꼽힌다. 이곳에서 생산한 60여 만 톤의 쌀은 전국 생산량의 16%를 차지한다. 한학자로 빈민 규휼과 후학 양성에 힘쓰다 일제의 조선 강제 병합에 맞서 손수 의병을 일으켰던 항일 의병장 임병찬, 반어법과 풍자로 일제 강점기의 시대상을 날카롭게 비판했던 소설가 채만식 등 수많은 인물들이 이곳 군산에서 나고 자랐다.

나는 엄마의 품처럼 너르고 따뜻하고 평화로운 갯벌, 고즈넉한 산과 공원, 정겨운 거리, 인물들을 하나하나 떠올리며 그리움, 뿌듯함에 잠긴다. 일제 시대 수탈의 장소였던 이곳은 이제 역사의 거리, 문화의 거리로 전국에서 사람들이 찾아오고 있다.

잼버리대회를 통해 본 새만금의 민낯

그런데 2023년 여름 세계잼버리대회가 보여준 새만금의 민낯은 군산 출신으로서 심한 수치심을 느끼게 했다. 아울러 개발이라는 이름으로 군산을 파괴하는 장본인이 누구인가를 심각하게 생각하도록 만들었다.

나는 감사로 세계 스카우트 잼버리 대회 개영식에 참석했다. 무더위와 내부 쉼터 부족으로 온열 환자 속출이 우려되는 가운데, 대회는 대통령 내외가 참석한다는 이유로 학생들을 몇 시간씩 기다리게 하며 무더위에 노출시켰다. 거기다 대통령 내외가 늦게 도착하는 바람에 개영식은 이미 다 끝났지만 다시 한번 더 진행하는 '쇼'를 펼쳐야 했다. 개영식 당일 벌어졌던 온열환자 속출 뉴스의 배경이다.

이것은 잼버리 대회 망신의 시작에 불과했다. 배수가 되지 않아 모기 등 벌레 물림이 속출하는가 하면 청소가 안 된 지저분한 화장실 사진이 참가자들의 지적과 학부모들의 문제 제기와 함께 전세계 미디어를 탔다. 이러한 열악한 야영 여건을 보도하며 "한국이 잼버리에서 '오징어 게임'을 시킨다"는 외신보도까지 나왔다. 끝내 미국과 영국 등은 자국 학생들을 야영장에서 철수시켰다. 그런데도 정부는 책임지는 자세는 보이지 않고 오히려 지자체 탓을 했다. 수치와 망신은 오롯이 국민 몫이었다.

　잼버리 파행은 이미 예견된 것이었다. 2019년 미국 잼버리 출장보고서에 그늘막과 열사병, 대회장 부지 배수불량, 샤워시설 및 화장실 등이 문제라고 보고했지만 4년 동안 이러한 문제는 개선되지 않았다. 여기엔 물론 문재인 정부의 책임이 없다고 할 수 없다. 그렇더라도 바통을 이어받은 윤석열 정부는 책임있게 대회를 준비해야 했음에도 오히려 예산을 감축하고, 주무부처 장관은 대회 수개월 전 국회에서 이런 문제를 제기하자 "만반의 준비를 갖추겠다"고 했지만 말뿐이었다.

　88서울올림픽을 비롯해 여수 엑스포, 평창동계올림픽 등 굵직한 국제대회를 모범적으로 잘 치러내던 우리나라가 어떻게 이 지경이 되었을까? 새만금사업은 노태우 정부 때부터 시작된 국책사업이다. 원래는 바다를 메꿔 새로운 농지를 창출하겠다는 의도였다. 그래서 이름도 만경평야의 만(萬)과 김제평야의 김(金)을 합쳐 새로운 농지를 만든다는 뜻의 새만금이 되었다. 그런데 정권이 바뀔 때마다 각 정부는 특별법, 기본계획 등을 추가하거나 수정하며 개발계획을 덕지덕지 덧붙여 왔다. 그래서 지금은 레저관광을 비롯해 첨단산업, 거기다 신공항까지 그야말로 개발의 끝판왕을 보고 있는 셈이다. 갯벌 매립이라는 토목공사를 통해 자본을 축적하고, 지속적 간척사업이라는 이익을 위해 정치와 결합해 왔다. 결국 정치인과 토목자본들이 아름다운 군산을 농간하고 있는 게 지금 새만금 논란의 본질이라고 할 수 있다.

　반면, 정권욕과 개발욕을 쏙 뺀 채로 새만금을 바라보면 전혀 다르게 보인다. 도요새는 강 하구나 개벌이 있는 바닷가에서 흔히 볼 수 있는 철새다. 긴 부리, 부리만큼이나 날씬한 다리를 간직한 도요새는 알래스카나 시베리아 습지에서 태어나 호주나 뉴질랜드 같은 남반구까지 긴 여행을 매년 떠난다. 그 중간 기착지가 우리나라다. 서해 갯벌이나 낙동강 하구에서 도요새를 자주 접하게 되는 이유다. 지구 반 바퀴를 날아야 하는 도요새에게 우리나라의 갯벌은 그야말로 사막의 오아시스 같은 휴식처인 셈이다.

그런데 환경단체의 보고서에 따르면 새만금 방조제 사업으로 도요새 8만 마리가 사라졌다고 한다. 이 사라진 도요새들은 폐사했을 거라는 게 보고서의 지적이다. 왜 그렇게 되었을까? 새만금 개발사업이 갯벌을 사라지게 하기 때문이다.

최근 다큐영화로도 개봉된 '수라갯벌'은 새만금사업 와중에도 버티고 살아남은 곳이다. 남북 6㎞, 동서 3㎞의 널따란 이 개펄엔 도요새를 비롯해 40여 종의 멸종위기종 등 수많은 생명들이 태어나고 자라고 휴식하는 곳이다. 인간도 이 갯벌을 터전으로 태양광발전을 하고 산업단지를 조성하고 있다.

생명, 평화 그리고 군산공항

그런데 정치와 토목자본의 손길은 이제 공항 건설로까지 확대됐다. 기존의 군산공항이 있고, 이용객이나 물동량으로 봤을 때 불필요하다는 시민들의 반대에도 불구하고 국제공항 건설에 굳이 나서고 있다. 새만금 신공항이 들어서려면 수라갯벌도 메꿔야 한다. 다큐영화 '수라'는 그래서 탄생한 것이다. 숱한 개발업자들의 논리를 막아서고 있는 그대로의 갯벌을 지키기 위한 생명들의 몸부림이다. 수없이 봐왔던 수라갯벌이 그렇게 아름다운지 나도 '수라'를 보고서야 새삼 깨달을 수 있었다.

　바다를 메꿔서 땅을 넓히겠다는 개척의 논리는 30년 전에나 통하는 낡은 것이다. 지금 네덜란드를 비롯한 유럽의 선진국들은 간척했던 땅을 다시 복원시키고 있다. 바다나 갯벌은 땅으로 메웠을 때보다는 있는 그대로가 훨씬 가치가 있다는 걸 늦게서야 알았기 때문이다. 그런데 새만금은 정반대로 가고 있다. 갯벌이 온갖 독소를 걸러주는 콩팥이며 홍수 피해를 줄여주는 데다가 관광객 유치에도 많은 도움이 됨에도 새만금 갯벌 매립과 건설에만 혈안이 되어 있다.

　기존 관광레저용이었던 곳을 농업용지로 바꾸면서까지 갯벌 매립을 추진하고, 새만금 잼버리를 위해 새만금호의 관리 수위를 낮추면서 수라 갯벌의 조개 또한 폐사되었다. 산업화에 따른 개발 논리만 앞세우다 보니 청소년들의 안전이나 위생은 뒷전이 되어버리는 세계적인 지탄거리 새만금 잼버리 대회가 발생하고, 중앙정부와 지방정부의 '네 탓' 공방, 전라북도의 지자체들끼리 '내 땅이오' 논란이 벌어지고 있는 것이다.

　순리를 거스른 개발, 온갖 욕심으로 뒤엉킨 개발은 무수한 생명을 앗아갈 뿐이다. 그것은 결국 개발 그 자체의 생명도 앗아가고 만다. 그렇게 해서 개발 뒤에 남는 건 버려지는 것이다. 그것은 개발업자들이 결코 책임지지 않는다. 이 땅을 디딘 채 살아가는 우리들, 후손들, 그리고 도요새와 같은 생명들이 고스란히 책임을 떠안고 피해를 떠안게 된다.

　새만금 신공항이 필요한가? 그렇다면 대안으로 기존의 군산공항 확대와 활용을 제안한다. 군산에는 미 공군기지 일부를 민항기용 부지로 이용하며 서울과 군산을 연결하는 국내선 여객기가 운행되고 있다. 새만금지구에 입주할 해외투자 유치를 위해 새로운 군산공항이 필요하다면 기존의 군산공항을 활용하면 된다. 한때는 이용객이 45만 명을 넘어섰던 공항이었고 2011년 군산공항에 국제선 취항을 추진하려 했지만 전남 무안공항의 이용수요가 감소할 것이라는 전라남도의 반발과 주한미군의 비협조적 태도로 무산된 바 있다. 과거 역사를 반추하여 새만금 지역 발전을 위해 국제공항이 필요하다면, 주한미군의 협조와 전라남도와의 대화와 협력을 통해 과거 중단되었던 기존 군산공항의 국제선 취항을 추진하면 된다.

기존 군산공항의 활용은 주한미군 공군기지를 대한민국 국민들을 위해 사용한다는 점에서 한반도 평화를, 수라갯벌을 파괴하지 않는다는 점에서 생명을 위하는 길이기도 하다. 한번 파괴된 자연은 다시 돌아올 수 없다. 새만금의 보물인 수라갯벌은 고이 간직해 자연의 품속에, 다음 세대에 물려줘야 한다.

물론, 그렇다고 해서 기존에 매립한 땅을 다 갈아엎거나 새만금 방조제를 다 터자는 것은 아니다. 그럴 수도, 그럴 필요도 없다. 기존에 산업을 목적으로 개발했던 곳은 배수도 잘 되고 인프라도 갖춰서 기업 활동이 원활하게 해야 한다. 과거부터 물류의 거점기지가 되었던 역사도 신항건설 등을 통해 더 확장하고 이어갈 필요가 있다. 그 중에 대표적인 것이 군산공항이다. 하지만 더 이상의 개발은 반드시 막아야 한다.

"이렇게 에두르고 휘돌아 멀리 흘러온 물이, 마침내 황해(黃海) 바다

에다가 깨어진 꿈이고 무엇이고 탁류채 얼러 좌르르 쏟아져 버리면서 강은 다하고, 남쪽 언덕으로 대처(大處)하나가 올라앉았다. 이것이 군산(群山)이라는 항구요, 이 얘기는 예서부터 실마리가 풀린다."

군산하면 채만식 선생의 '탁류'를 말하지 않을 수 없다. 탁류는 채만식 선생이 1937년 동아일보에 게재한 소설로 일제강점기의 군산을 그린다. 지금도 나의 부모님이 거주하시고 내가 자랐던 고향집 근처 중앙동, 장미동, 영화동, 해망동은 그 당시의 관공서나 은행, 회사 건물들이 남아있다.

후쿠시마 오염수 방류와 군산의 역할

일제의 쌀 수탈기지이자 서해 물류유통의 중심지였던 1933년 군산항의 쌀 수출량은 우리나라 전체량의 53%였다고 한다. 쌀을 쌓아두는 곳이라는 의미의 장미동(臧米洞)에는 일제강점기의 군산세관과 옛 조선은행이 있다.

그래서인지 군산 사람들은 일본을 체질적으로 싫어한다. 군산에 일제의 유물이 유독 많이 남아 있는 것은 일본이 좋아서가 아니다. 아픈 역사를, 못난 유물을 보며 아픈 역사를 되풀이하지 말자는 뜻에서다. 가장 배우기 쉬운 외국어가 일본어였음에도 난 단 한번도 일본어를 공부할 생각을 하지 않았다. 오죽하면 고등학교 재학 당시 일제식으로 멋있게 지어졌던 일본은행 건물 앞을 지날 때 고개를 돌려 반대쪽을 보며 지나쳤다고 했을까. 그런데 최근 일본의 후쿠시마 오염수 방류는 군산 시민들을 일깨우고 있다.

군산은 쌀의 생산·물류 기지이기도 하지만 어업의 생산·물류 기지이기도 하다. 다양한 활어들이 경매되고 전국으로 팔려가는 곳이다. 신선한 활어를 찾아 관광객들의 발걸음이 끊이지 않는 곳이기도 하다. 2023년 5월 군산시 내항의 군산수산물종합센터가 리뉴얼을 거쳐 재개장했다. 난 6월 초 이곳을 찾았다. 가게마다 깨끗한 시설과 함께 다양한 건어물과 수산물을 갖추고 있지만 찾는 사람이 별로 없었다. 코로나19 확산으로 전국적으로 수산물 유통이 줄어든 것도 있지만 코로나 이후의 이러한 수산물 소비 감소는 일본의 후쿠시마 오염수 방류와 무관하지 않다는 게 상인들의 설명이었다.

마치 일본을 대변하는 듯한 우리 정부의 오염수 제거 시설에 대한 '신뢰'는 현장에서는 전혀 '불신'과 '분노'의 대상이 되고 있을 뿐이다. 오염수가 안전하다면 왜 굳이 바다에 버리려고 하는가. 식수로 마시든지 농업용으로 쓰면 되지 않는가 말이다.

군산에게 바다는 군산 그 자체이자 생명줄이다. 매일 새벽 부안, 여수 등 전라도 각지에서 올라온 신선한 생선들은 군산의 어판장을 가득 채웠다. 어판장의 수익은 군산 지역 곳곳으로 퍼져나가 지역에 생기가 돌게 했다. 하지만 군산의 항구가 하나둘 불이 꺼지기 시작하면서 군산의 경제는 급락을 거듭하고 있다. 거기다 윤석열 정부의 후쿠시마 오염수 방류 지지는 국내 어업인들의 씨를 말리는 것이나 다름없다. 이는 바다를 상대로, 전세계 인류를 대상으로 생체실험을 하겠다는 것이나 다름없다.

나는 이런 군산항의 오늘을 보면서 마음속으로 다짐했다. 군산은 다시 일어나야 한다. 군산의 임병찬 의병의 정신으로, 개항 후 일본을 비롯한 열강의 침탈에 대항하기 위해 옥구군산항민단을 결성했던 추진력으로 '후쿠시마 오염수 방류 저지 군산 항민단(가칭)'을 만들어 일본의 오염수 방류에 맞서야 한다. 군산의 영명학교 교사와 학생들이 이끌었고, 공주, 강경 등의 만세운동까지 주도했던 3·1만세운동의 정신으로 '후쿠시마 오염수 방류 저지 운동'을 전국적으로 확산시켜 일본의 독단적인 후쿠시마 오염수 방류에 맞서 싸워야 한다. 과거 일제 영토침략의 역사를 되풀이하지 않고, 쌀 수탈의 기지에서 후쿠시마 오염수 방류에 맞서 싸우는 전초기지로 나아가기 위해 군산의 어민과 시민들이 나서야 한다.

우리 정치는 미래보다 과거를, 통합보다 진영을 우선시했다. 대화보다 대립으로, 전진보다 보복으로 시간을 낭비했다. 이런 악순환의 고리를 이제는 끊어야 한다.

나는 정치에 있어 오직 국민만 바라보고, 국익이 기준이기에 진영의 논리에 연연하지 않으려 한다.

앞으로도 나 자신의 가치관, 기준에 비추어 보수나 여당의 언행이나 좋은 것은 좋다고 평가하고 진보나 야당의 언행이나 나쁜 것은 나쁘다고 비판할 것이다. 반대를 위한 반대, 반사이익의 쉬운 정치는 이제 끝내야 한다.

대북전단과 코리아 인권

대표성 문제는 어느 사회에서나 중요하다. 특히 대의민주주의를 기반으로 하는 민주사회에서는 누가, 어떻게 대표되는가 하는 문제는 대의민주주의의 성공 여부를 떠나서 그 사회의 지속가능성 여부까지 판단할 수 있는 핵심적인 잣대이다.

탈북자의 대표성 문제도 마찬가지다. 이것은 남남과 남북 화해, 그리고 국제사회에서 한국의 위상과 관련해서 아주 중요한 문제다. 무엇보다 탈북자 단체의 건강성을 위해서도 반드시 짚어야 할 사안이다.

나는 20대 때 소명을 가지고 탈북 단체에서 대북전단, 탈북민 구출 작업에 참여했다. 그런데 대북전단의 효과성, 단체의 재정 문제, 단체 활동가의 도덕성 문제를 접하면서 회의를 느껴 단체를 나오게 되었다. 하지만 탈북자를 통한 북한인권, 한반도 평화는 너무나 중요한 문제이기에 지금까지도 이 문제에 매달리고 있다.

　언론에 큼지막하게, 그것도 자주 등장하는 탈북자의 경우 주로 북한 인권과 관련해 첨병 역할을 하는 경우가 많다. 언론사들을 불러모아 휴전선 접경지역에서 대북전단을 날린다든가, 유엔 같은 국제 무대에서 북한 정권을 비판하는 경우다.

북향민과 대북전단

　2021년 4월 15일 미국 하원 톰 랜토스 인권위원회가 대한민국의 대북전단금지법 관련 청문회를 개최했다. 대북전단 살포와 관련된 논란은 1950년 남북이 갈라지고 동족상잔의 상처를 입은 채로 상호비방과 선전선동을 하던 데서부터 시작되었다. 남북은 이 오랜 갈등과 논란을 치유하기 위해 2007년 10·4 정상선언을 통해 상호 비방을 중단하기로 합의했고, 정부 차원의 대북전단은 사라졌다. 나아가 2018년 4월 27일 판문점선언에서도 '상호 적대행위의 금지'를 합의하기도 했다. 하지만 민간 차원에서는 판문점선언 이후에도 대북전단을 계속 날렸고 이에 대해 북한 측은 다소 과하다 싶을 정도로 날카로운 반응을 쏟아냈다.

　대북전단 문제는 이미 국내에서 표현의 자유, 북한 주민의 알 권리, 접경지역 주민의 생존권 사이에서 논란이 벌어지고 있었다. 하지만 대북전단은 북한 지도자에 대한 막말 비난, 우리 전·현직 대통령에 대한 비방하는 내용이 대부분이다. 대북전단을 날리는 이들에게 내가 묻고 싶은 것은 북한과 남한의 지도자를 비난하는 것이 실제 북한 주민들의 인권 개선에 도움이 되느냐는 것이다.

　사실 대북전단 금지와 단속은 2008년부터 있었다. 대북전단이 자칫 북한의 공격을 유발할 수 있다는 접경지역 주민들의 지속적인 요구로 정부 차원에서 대북전단금지법에 대한 논의와 단속을 벌였던 것이다. 그런데 그 당시에는 조용하던 대북전단 단체들이 문재인 정권으로 바뀌자 마자 마치 기다렸다는 듯이 정부가 대북전단을 못날리게 하는 것처럼 언론 플레이를 하고, 북향민 인권을 유린한다며 국제사회에 읍소를 하고 있다. 우리는 이들을 진정한 북한인권 투사로 봐야 할까? 아니면 북한인권과 대북전단을 정치적 도구로 활용하는 뛰어난 정치 투사로 봐야 할까?

　대북전단에 대해 탈북자 단체나 국제사회는 '표현의 자유'라고 주장한다. 그 말에 타당성이 없는 것은 아니다. 우리 헌법에서는 표현의 자유를 기본권으로 보장하고 있고, 얼마 전 헌법재판소에서도 그런 취지로 판결한 바 있다. 국제사회에서도 마찬가지다. 미국 수정헌법은 제1조에서 표현의 자유를 못박고 있다.

　그럼에도 표현의 자유가 무제한인 것은 아니다. 우리 헌법은 국가안전 보장이나 질서유지, 공공복리를 위해 필요한 경우 표현의 자유를 법률로 제한할 수 있도록 했다. 미국도 연방대법원의 지트로브(Gitlow) 판결은 "표현이 해악(위험)을 가져올 경향이 있으면 위험이 명백하거나 현존하지 않더라도 규제할 수 있다"고 했고, 데니스(Dennis) 판결에서도 "해악이 중대한 경우에는 위험이 절박하지 않더라도 제한할 수 있다"고 판시하고 있다. UN의 '시민적·정치적 권리에 관한 규약'(제19조) 또한 표현의 자유가 법률에 의하거나 타인의 권리 존중, 국가안보나 공공질서 보호 등을 위해 필요한 경우 제한될 수 있다고 규정하고 있다.

결국 표현의 자유는 무제한적으로 인정되기는 힘들다. 2014년 북한이 우리 민간단체의 전단살포에 대응한 고사총 사건 도발과 이에 대한 우리의 대응사격으로 우발적 충돌위험이 고조되었던 것처럼, 접경지역 주민들 스스로가 생명과 안전에 위협을 느끼고 국가에 자국민 보호의무를 적극 요구한다면 국가는 이들의 목소리를 반영할 의무가 있다.

실제로 접경지역 주민들은 지속적으로 대북전단 살포중단 촉구에 대한 성명과 결의안, 대국회 청원을 제출해 왔고, 이에 18대 이후 국회는 대북전단 살포 규제에 대한 입법을 지속적으로 추진해 왔다. 이 같은 행동은 대북전단을 표현의 자유라고 주장하며, 그것을 막는 한국 정부를 비판하는 미국에게도 설득력 있는 반대 논거가 될 수 있다. 이번 헌법재판소 판결도 대북전단이 표현의 자유에 해당하니 무조건 허용해야 한다는 것이 아니라 대북전단 행위에 대한 처벌 규정이 너무 지나치다는 것이었다.

세대·지역·성별 따라 다양한 북향민들의 입장

내가 직접 들었던 북한에서 실제 대북전단을 받아본 북향민들의 증언 대부분은 "대북전단을 받고 우리 원쑤(원수)를 비난하는 말에 오히려 상당한 반감이 들었다", "체제를 깨부수자는 게 말이 되냐"라는 등 대북전단에 대해 부정적이었다. 심지어 "북한 당국의 엄격한 통제로 인해 삐라를 소지하고 있을 수도, 실려 온 음식을 먹을 수도 없기에 무용하다", "북향민 전체 이미지를 안 좋게 만들고 북한에 있는 우리 가족을 위험하게 만드는데, 왜 저렇게 무리하게 삐라를 날리는지 모르겠다"는 증언도 있었다. 일부 단체에서는, 대북전단을 북한인권의 이름하에 돈을 위한 '사업 아이템'으로 이용하고 있으며, 그들에게 "왜 효과도 없는 대북전단을 날리느냐"고 묻자 "돈 때문이다"고 말했다는 북향민의 제보도 있었다.

북한 주민들 대부분은 면역력이 낮다. 따라서 바이러스 같은 외부 유입 물질에 대단히 민감하다. 만약 코로나19 확진자나 의심자가 대북전단을 날린다면, 이 대북전단은 사실상 생화학무기가 되어 북한 주민들의 생명까지 위협할 수 있고, 체제의 존립에도 막대한 영향을 미칠 것이다. 김여정 부부장이 담화를 통해 남한 정부의 책임을 묻고, 보복을 시사한 것도 그런 이유라고 보인다.

언론에 노출되는 북향민은 전체 3만 4천 명 중 1%도 안 되는 극히 일부다. 하지만 우리 국민들이나 국제사회는 이 사람들이 전체 북향민들의 대표라고 생각하는 듯하다. 북향민 커뮤니티 안에서도 세대별, 지역별, 성별로 다양한 생각들이 존재한다. 정부를 비난하며 대북전단을 날리는 그들 역시 다양한 생각들의 지극히 일부일 뿐이다. 남한에서 하루하루 생존을 위해 치열하게 살아가는 대다수의 북향민들은 극단적 행위에 대해 불편해한다. 다수의 북향민들은 대북전단을 날리는 이들의 목소리가 북향민 사회 내에서 크다고 생각하기에, 그들과 다른 목소리를 내면 공격받을까 봐, 스스로의 생각을 말하지 못한 채 숨죽여 살고 있다.

아무리 북향민들이 배가 고파서 국경을 넘고 남한에 왔어도 자신들의 지도자에 대해, 북한이라는 나라에 대해 욕하는 것은 싫다고 한다. 왜 그럴까? 자신들의 고향이고 자신들의 가족들이 여전히 그곳에 살고 있기 때문이다. 입장을 바꿔놓고 생각하면 충분히 이해가 가능하다. 우리나라 대통령이 싫지만 그렇다고 일본 사람이나 중국 사람, 미국 사람이 우리 대통령을 마구 욕하고 비난하는 걸 듣는 게 과연 기분 좋을까? 아마 상당한 불쾌감을 느낄 것이다.

자극적인 발언으로 언론의 조명을 받는 북향민 중엔 자신의 간첩 혐의를 벗기 위해 일부러 목소리를 높이는 경우도 있다. 모든 탈북자들은 합심센터를 거쳐 하나원을 졸업한 뒤에도 5년 동안 신변 보호 경찰관의 감시를 받게 된다. 그 과정에서 북한에 대해 긍정적으로 말하거나 내통하는 것처럼 보이면 간첩 의심을 받고 더 심한 감시를 받게 된다. 그럴 경우 해당 탈북민은 의심과 오해를 벗기 위해 일부러 북한 지도자나 체제에 대해 오버해서 비난하게 되는 것이다.

전체 북향민 중 극히 일부만 언론에 노출됨에도 이들이 언론의 주목을 받는 것은 다른 데 있지 않다. 북한이나 진보 정권에 대한 자극적인 언사 때문이다. 더군다나 이들의 언사는 외신을 타고 전세계에 타전된다. 그러면 미국이나 유럽, 일본 같은 데서는 이들이 남한의 전체 탈북민들을 대표한다고 '오해'하게 된다. 그렇게 해서 왜곡이 생기는 것이다.

나는 탈북민을 접하면 접할수록 북향민 사회 안에 세대별, 지역별, 성별로 다양한 경험, 다양한 생각들이 있음을 경험하고 있다. 남한에서 하루하루 치열하게 살아가는 대다수의 북향민들은 일부 고향 사람들의 극단적 행위를 불편해한다. 일부의 북향민 목소리로 전체를 판단하는 성급한 일반화의 오류에서 벗어나야 한다. 다양한 북향민들이 자신의 목소리를 낼 수 있도록 기회의 창을 열어줘야 한다.

북한인권에서 코리아 인권으로

윤석열 정부가 집권하자 북한인권재단에 대한 논의가 재점화되고 있다. 북한인권법안은 2005년부터 11년간 발의와 폐지를 반복하다가 결국 2016년 제19대 때 여야가 합의하면서 가까스로 제정되었다. 당사국인 한국이지만 2004년 미국의 북한인권법, 2006년 일본의 북한인권법보다 제정이 상대적으로 늦었다. 북한인권이라는 이슈에 좌·우 진영논리가 반영되면서 민주당이 북한과의 관계를 이유로 북한인권을 거론하는 것을 꺼린 반면, 국민의힘은 북한을 '주적'으로 삼고 있으므로 주적국가의 만행을 적극 밝혀야 한다는 입장으로 서로 첨예하게 갈리었기 때문이다.

일반적으로 남북관계 개선을 중시하는 진영은 인권·노동·복지를 중점에, 북한 체제에 비판적인 진영은 경제·안보에 중점을 둔다. 남북관계 발전을 도모하는 진영 중 일부는 북한을 화해·협력의 동반자로 인식하고, 보다 나은 남북관계 개선과 남북교류 추진을 위해 탈북민들의 목소리를 상대적으로 불편해하기도 한다.

그렇다면 북한 체제에 대해 비판적인 진영은 북한인권과 탈북민 인권에 진심일까? 북향 여성들이 동향 남성에게 성폭행을 당했다고 신고하거나 피해 사실을 이야기할 때 그들은 같은 북한 사람끼리의 일이고, 정치적으로 진보 진영을 공격하는 수단으로 활용할 수 없기에 북향 여성들의 인권유린에 침묵하려 한다. 그들은 북한체제를 부정하고 비난하는 일부 북향 남성들만 조명함으로써 북한인권을 정치적 도구로 전락시켰다. 결국 남한 사회 내에서 목소리가 거의 없는 북향 여성은 탈북민 사회에서도 격리된 계층이 되고 마는 것이다.

남북은 70년의 분단 동안 서로 불신하고 적대시하면서 서로의 체제를 부정해 왔다. 특히 상대 체제에서 온 사람들을 각 진영 논리에 맞춰 이용해 왔다. 북향민들은 그 진영논리에 따라 철저히 이용당하는 존재였다. 남한의 안보관을 기초로 구성된 국정원 조사, 하나원에서의 강제 교육, 신변보호담당관 배정 과정은 국가가 탈북민을 '이중간첩'으로 간주하고 감시·통제하고 있다는 것을 설명하는 단적인 사례다.

북한인권에 대해 이야기하기 위해 우리는 기존의 냉전 체제와 군사주의적 논리를 극복하고 걷어내야 할 필요가 있다. 또한, 북한인권재단에 대해 논의하기 위해서는 먼저 기존의 '북한인권' 개념이 북한을 공격하기 위한 수단으로서 이념화, 정치화되어 있음을 자각해야 한다.

따라서 진정한 북한인권을 위해서는 기존의 '북한인권'에 대한 정치적 담론에서 벗어나, '인간'을 중심으로 하는 '코리아 인권'의 논의가 필요하다. 북한인권의 범위를 북한영토 안의 북한 사람들뿐만 아니라 남한에 거주하는 북한 사람들까지 포함시킬 필요가 있다. '북한인권'을 '코리아 인권'으로 확장할 때 북한에 제기하는 인권 문제의 진정성을 확보하고, 나아가 남한 내 탈북민들의 인권까지 함께 논의될 수가 있다.

지금까지 탈북민 지원법은 있었지만 탈북민 인권법은 없었기 때문에 그들에게는 북한인권 논의가 공허한 정치적 담론에 그치고 말았다. 북한인권을 '한반도에 살고 있는 북한 사람들의 인권'으로 확장할 때, 북한인권재단은 유의미하게 된다. 북한인권의 범위를 코리아로 확장할 때 기존에 정치적으로만 논의되던 북한인권을 '인류 보편적 가치'를 바탕으로 재구성할 수 있다. 이는 한반도에서 새로운 인권의 장을 연다는 의미가 있다.

기존의 '북한인권'에 대한 정치적 담론에서 벗어나, '인간'을 중심으로 하는 '코리아 인권'의 논의가 필요하다.

북향 여성 인권의 현주소

"안녕하세요? 저는 1년 넘게 성폭행을 당해온 피해자입니다. 신고까지 많은 고민과 어려움, 용기가 필요했습니다. 동생이 정치범 수용소에 가고 거기다 성폭행까지 당하니 매일매일 너무 힘들었고, 잠깐이라도 죄책감과 고통스러운 감정을 피할 수 있는 것이라면 무엇이든 시도해야 했습니다...... 이렇게 몇 글자로 저의 억울함과 아픈 마음을 설명하기 어렵지만 조금이나마 삶의 의지를 찾고 싶었고, 더 이상 혼자 숨어 울지 않으려고 용기를 내어 신고를 하게 되었습니다."

2019년 12월 한 북향 여성이 '미투(me too)'를 선언했다. 그 여성은 남한의 군인들에게 1년이 넘도록 성폭행을 당해 왔다.

북향 여성들은 탈북 후 여정에서, 남한에 정착하면서 수많은 유혹과 자본주의에 대한 잘못된 인식으로 피해자가 되고 만다. 북향 여성 중 3,000명이 넘는 이들이 남한에서 성폭행 또는 성 관련 문제로 고통당하고 있다고 한다. 그러면서도 보복이 두렵거나 먹고 살아야 한다는 이유로 그동안 자행되어온 성폭행에 입을 다물어야 했다.

북향 여성들은 북한과 남한의 체제를 온몸으로 경험한 남북 분단의 산 증인이자 아픔 그 자체이다. 북향 여성의 고난의 역사를 이해하려면 그들이 겪고 있는 남북관계의 현실을 인식하는 데서부터 시작하면 된다. 2019년 한 북향 여성의 절규와 함께 시작된 미투로 인해 이제야 우리는 진보영역에서의 페미니즘 학자들이 그동안 외면해온 북향 여성의 처절한 경험을 직면하기 시작했다.

지금까지 북향 여성은 분단이라는 이름 아래 남성에 의해 지배당하고 억눌려 온 존재였다. 한쪽에서는 남북관계의 개선을 이유로 북향민 인권이라는 단어는 금기어가 되었고, 다른 한쪽에서는 남북 체제경쟁의 수단으로 북향민 인권을 부르짖었다. 결과적으로 남북관계의 진보나 퇴보는 어디까지나 '남성들만의' 일이었다. 남북분단과 체제대립의 역사는 인류의 절반의 목소리에만 치중했기 때문에 다른 쪽의 현실이나 목소리는 제대로 들리지 않았다.

북향 여성들의 여정

북향 여성은 국내에 입국하면 3개월 동안 국정원 보호센터라는 임시보호센터에서 신분에 대한 조사를 받는다. 조사 후 하나원에서 사회적응교육훈련을 받고 나와 처음 만나는 남한 사람이 바로 국군정보사령부 군인이거나 신변보호담당관이다. 본인이 북한에서 하던 업무의 성격에 따라 신변보호담당관만 배정되거나, 군인들까지 접촉하게 된다.

남한에서 태어난 사람이라면 평생 국정원 직원을 만날 일도, 국정원이 관할하는 기관에서 3개월에서 8개월까지 갇혀 조사를 받을 일도 없다. 무엇보다 경찰이 나의 하루하루를 감시하고 보고하기를 결코 원하지 않는다. 그렇다면 북향 여성들은 무슨 이유로 남한에 입국하자마자 국정원에 갇혀 조사를 받고 하나원 교육 후에는 신변보호담당관이 배정되어 '보호'라는 이름 아래 감시를 당해야 하는 것일까?

이 같은 한반도 여성들의 압박의 역사, 권리 침해의 역사는 일제강점기가 끝나고 남한과 북한으로 분단되는 역사의 비극이 여성에게 투영됨으로써 시작된 것이다. 북한이 해방 후 법제정을 통해 사회주의 건설에 동원한 것도, 그러면서도 가부장적인 체제 하에 아이를 돌보고 남성을 보조하는 지위를 강조한 것도 모두 여성해방이 아닌 또 하나의 혁명을 위한 도구이자 꽃이길 바랐기 때문이다. 남·북한은 한반도 내 누가 합법적인 정부가 될 것인지에 대해 인정욕구가 극대화되어 갔고, 체제경쟁에서 이기기 위해 다양한 수단과 도구가 필요했다. 그런 상황에서 북한 여성은 북한에서는 혁명화의 꽃으로 활용되고, 남한에서는 대북공작이나 북한 관련 정보획득을 위한 수단으로 활용되었다. 북한 여성은 남북한 체제경쟁과 분단의 최대 희생자가 되고 만 것이다.

국가는 간첩 색출과 신변보호라는 이름 아래 북향민을 북한정보수

집 대상으로 간주하거나 북향민을 반체제 사람으로 인식해 지속적인 사상검증을 가하는 것이라 볼 수 있다. 경찰청의 신변보호담당관 제도는 국가기관이 북한의 침략을 방어하고 사회질서를 유지하며 국토를 방어한다는 국가안보론을 바탕으로 북향민을 감시하는 입장에 서 있음을 보여준다. 신변보호담당관제도는 2019년 1월 15일 북향민 관련 법령에 근거가 명시되었지만, 그 성격이 신변의 '보호'가 아니라 북향민이 잠재적 범죄자임을 전제로 하는 '감시' 성격의 보안처분과 유사하게 운영되고 있음을 알 수 있다.

북한 특유의 남성 중심의 가부장적 문화와 남성우월주의가 북한 여성들의 의식의 기저에 작동하고 있는 문제도 있다. 가부장적이고 권위적인 북한 사회의 행태는 여성들의 권리나 인권을 무시할 수밖에 없는 것이다. 여성이 남성에게 강간을 당하면 수치스럽고 망신스러운 일이라 생각해 숨겨야 살아갈 수 있었다. 무엇보다 북한에서는 인권의 본질에 대해 교육하지 않기에 여성의 인권이 무엇인지, 본인이 어떠한 인권유린을 당하고 있는지에 대한 인식조차 없는 것이다.

남한에 입국한 북향 여성은 고향을 버리고 왔다는 죄책감과 여기에서도 정착하지 못하면 끝이라는 심리적 위축 상태에서 정착 생활을 시작하게 된다. 더군다나 북한사회의 가부장적 문화와 속성을 잘 알고 있는 남한의 정보부대 소속 군인과 경찰, 동향 남자들은 피해를 당해도 망신스러움에 신고하지 못하는 북한 여성을 성적으로 유린하는 데 망설이지 않는 일탈을 저지르기까지 하는 것이다.

국가폭력에서 벗어나서

북한 여성의 인권문제는 우리에게는 민족의 문제이면서 전 세계적으로는 인도주의적, 인류보편적인 문제이기도 하다. 1948년 12월 10일 채택된 UN 세계인권선언문은 인권과 근본적 자유가 모든 사람과 장소에서 적용된다는 내용을 세계 최초로 확인한 것이라는 데 의미가 있다. 국제법상 강행규정으로서 이는 국제인권법의 발전에 크게 기여했다. 위 선언에 따르면 모든 사람은 태어날 때부터 자유롭고, 존엄하며, 평등하며, 모든 사람은 이성과 양심을 가지고 있으므로 서로에게 형제애의 정신으로 대해야 하며(제1조), 또한 모든 사람은 인종, 피부색, 성, 언어, 종교 등 어떤 이유로도 차별받지 않으며, 이 선언에 나와 있는 모든 권리와 자유를 누릴 자격이 있다(제2조).

한반도는 분단 70년 동안 서로에 대한 불신과 대결 속에서 서로의 체제를 부정해 왔다. 따라서 상대 체제에서 온 사람들은 각 진영 논리에 맞춰 이용당할 수밖에 없었다. 그 대표적인 희생양이 바로 북향 여성들이다.

전쟁의 가장 큰 피해자는 여성과 아동이다. 아직도 전쟁 중인 한반도에서 북향 여성은 남한 내 '국가안보'를 이유로 국정원, 하나원, 신변보호시스템이라는 조직적인 국가기구의 틀 속에서 관리되고 감시되며 통제당한다. 남한의 안보관에 기초하여 구성된 국정원 입국과 조사, 하나원에서의 강제 교육, 신변보호담당관의 배정 과정은 국가가 북향민을 잠재적 안보 위협자로 간주하고 감시하며 통제하고 있다는 방증이다.

이 같은 북향 여성의 인권 문제는 크게는 분단과 냉전이라는 틀에서 바라보고 해법을 모색해야 한다. 지금까지 국가 중심으로 논의해 왔던 국가폭력적 기존 담론에서 벗어나 인간을 중심으로 한 안보 개념을 확장하는 것이다. 그럴 때 북향 여성에 대한 시각도 분단의 희생양 또는 남성 중심의 군사안보 헤게모니에서 벗어나 창의적이고 능동적인 역할을 정립할 수 있다.

진짜 북한인권을 위하여

남한이 북한에 쌀을 지원하면 북한의 쌀값이 하락한다. 그만큼 장마당에 쌀 유통이 많아지기 때문이다. 그렇다면 남한의 대북지원이 북한 주민들의 삶에 실질적인 도움이 되고 있는 것 아닌가? 이게 바로 북한인권 아닌가? 그런데 우리 사회 북한인권 문제의 실상은 진보-보수로 첨예하게 대립하고 있다. 덩달아 여와 야가 맞서는 정치 이슈가 되고 말았다. 왜 그럴까?

2002년 10월 금강산에서 남북여성통일대회가 열렸다. 한반도의 평화와 통일을 위한 남북 여성의 역할을 모색하는 자리였다. 이 자리에 북한의 조선사회주의여성동맹(여맹)과 남한의 여성단체들이 참석했는데, 여맹 쪽에서 이런 취지의 문제 제기를 했다. '당신네들, 탈북 여성들 돕는 것 알고 있다. 주시하고 있으니까 알아서들 하라.' 그때까지만 해도 남한의 진보적인 여성인권단체들도 탈북 여성들을 돕는 데 앞장서고 있었다.

그러자 남한의 여성단체들 사이에서는 이런 소문이 퍼졌다. '탈북 여성을 도와주면 북한과 대화가 힘들겠구나.' 그때부터 일부 단체는 기존의 사업을 대폭 축소했고 탈북 여성 지원 아젠다는 보수단체에게로 넘어갔다. 문제는 이런 기조가 남북교류 민간단체, 심지어 정치권으로까지 확대된 것이다. 그렇다 보니 진보 정당을 비롯한 민간단체들은 탈북자 돕기를 꺼리거나 아예 탈북자를 언급하는 것 자체를 멀리하게 된 것으로 보인다.

북한인권의 시작은 북향민 인권부터

북한 주민들의 인권 신장은 남한에 온 탈북자인 '북향민'들에 대한 존중에서부터 시작돼야 한다. 2010년부터 실향민, 탈북자가 아닌 '북향민'이라는 용어를 쓰는 것이 맞지 않냐고 의견을 나눴었다. 북향민은 북한에 고향을 두고 있는 대한민국 사람들을 의미하는 말이다. 이러한 용어를 만들게 된 데에는 '북한이탈주민'이라는 말이 우리가 진짜 이들을 우리 사회의 일원으로 받아들이고 있는지에 대해 성찰하도록 했기 때문이다.

실제 북향민에 대한 우리 사회의 정책들은 북향민을 일방적으로 남한에 동화되도록 강요하는 측면이 있다. 점점 나아지고 있기는 하지만 여전히 북한에서의 경력은 인정되지 않는 경우가 많다. 북한을 무시하다 보니 거기서 온 사람들에 대한 존중도 없는 것이다. 그러니까 인권 유린이 따라올 수밖에 없는 것이다.

　실제로 북향민들 중 상당수는 자신이 북한에서 왔다는 걸 이야기하기가 꺼려진다고 한다. 말투나 억양이 다르다며 자꾸 물어보는 사람에게는 "조선족"이라고 말했다는 얘기는 수없이 들었다. 이유는 중국이 조국인 조선족이라고 하면 자신을 무시하지 못할 것 같아서란다. 한국에 와서 자녀를 학교, 군대에 보냈더니 핵과 미사일을 개발하는 북한에서 온 아이라며 학교폭력이나 왕따를 일삼았다. 각종 취업에서 불이익을 받거나 직장 내 왕따를 당하는 것 또한 북한이 고향이라는 이유라고 이들은 설명했다. 이는 북한을 낮게 보고, 북한에서 온 사람들을 무시하는 우리 안의 못된 태도와 습성 때문이다. 북한에 대한 정부의 적대시 정책, 남한 사회의 편견이 계속될수록 남한 곳곳에서 살아가는 북한이 고향인 북향민에 대한 차별이나 혐오는 되풀이될 수밖에 없는 것이다.

　우리가 정말로 북향민 인권을 이야기하고 싶다면 그들의 과거에 대해서도, 또 그들이 나고 자란 곳에 대해서도 존중하는 마음이 있어야 한다. 남한에 대한 일방적인 동화를 강요하고 북한에서의 삶은 전면 부정하려는 듯한 우리의 시각은 교정되어야 마땅하다. 그들이 북한에서 어떻게 살았고, 북한의 문화는 어떤 것인지 그들을 통해 북한을 배우고 이해하는 것은 한국 사회의 다양성을 위해서도, 향후 통일을 준비하기 위해서 꼭 필요한 작업이다. 북한 사람들이 남한에 대해 배우듯이, 남한 사람들도 북향민을 통해 북한을 배우고 그들을 존중하며 함께 살아가야 한다. 그렇지 않고 일방적인 남한 중심적 사고로 그들에게 남한 사회에 동화될 것을 강요하는 것은 가히 폭력이라고 해도 할 말이 없다.

우리에게 북한 체제가 낯설 듯 북한에서 온 사람들은 남한 체제가 낯설다. 그동안 선택하는 삶이 아닌 당이 지시하는 대로 사는 수동적 삶을 살아왔기에 남한에서의 선택과 책임은 너무나 큰 무게감으로 그들에게 다가갈 수밖에 없다.

북한에는 시민의 개념이 없다. 따라서 시민의 역할도 있을 수가 없다. 남한의 자유가 좋다지만, 그 자유에 따르는 '책임'의 무게를 알지 못해 범죄자가 되거나 사회에서 문제아로 낙인찍히는 문제가 발생하고 있다. 북향민들에게 꼭 필요한 교육은 남한 사회에서 '생존자'에 머물지 않고 한 명의 '시민'으로 스스로를 정립하는 것이다. 북향민이 대한민국의 당당한 국민이자 시민으로서 능동적인 역할을 할 수 있도록 기존의 제도, 관행들을 성찰하고, 보다 세심하게 접근할 필요가 있다.

민주당 북향여성인권위원회 출범의 의미

북한과의 교류·협력을 중시하기 때문에 북향민 인권을 외면한다면 이는 아주 잘못된 것이다. 인권은 보편적인 것이기 때문이다. 이익이 되면 취하고 손해가 나면 버리는 것은 인권이 아니다. 민주당 정부 때 유엔에서 북한인권 관련 표결을 할 때면 우리 정부는 으레 기권을 해왔다. 국내에서도 북향민 인권은 민주당의 주된 관심사에서 떠나 있었다. 민주당의 존재 이유가 인권과 민주주의 아닌가. 그래서 민주당이 인류 보편적 가치를 중시하고 그러한 방향에서 접근하여 북한인권 문제에 대한 대안을 제시할 수 있다고도 봤다.

나의 입당과 활동으로 더불어민주당이 북향민들 인권에 관심이 없는 정당이 아니라는 점을 분명히 보여주고 싶었다. 그래서 당에서 상근 부대변인으로 북향 여성 인권에 대한 논평을 시작으로 여러 활동을 해왔다. 또한 인권 활동을 하면서 느꼈던 현재 남한 사회 내에서의 북한인권 문제의 왜곡된 면에 대해서도 문제를 제기했다. 북한인권이 실제 북한 주민들의 인권 향상보다는 정치적 공격의 수단으로 활용되는 현실에 대해 안타까움을 느끼며, 진정한 북한인권을 위해 민주당이 일하길 바랐던 것이다.

2023년 5월 4일 더불어민주당 전국여성위원회 산하에 북향여성인권위원회가 출범했다. 내가 위원장을 맡았다. 당에서 북한인권에 대해 정책적으로 제안하고 입안하고 정부와 협상해서 만들어가는 과정이 중요하겠다고 느꼈고, 마침내 그 역할을 할 수 있게 된 것이다. 지금까지 민주당은 남북관계 때문에 북향민들을 위해 충분한 목소리를 내지 못한다는 비판을 받아왔다. 물론 노력이 없었던 건 아니다. 그동안 북한이탈주민특별위원회를 만들어 북향민들의 목소리를 듣고 관련 법안이나 정책을 입안해 왔고, 대선 캠프 때도 한반도4.0 위원회를 통해 남한에 거주하는 북한 사람들과의 상생에 대해 고민하고 일해 왔지만 많이 주목을 받지는 못했다.

그렇다면 왜 이름 '여성인권위원회' 앞에 '북향'이 붙을까? 내가 윗동네, 즉 북한에서 온 분들을 지원한 지 20여 년이 되었지만 북한 주민들의 상당수는 '북한이탈주민', '탈북자'라는 이름을 불편해 했다. 나라도 그런 이름이 싫었을 것 같다. 북한이탈주민의 '이탈'은 어떠한 무리에서 벗어난 상태를 뜻하는 것 아닌가. 이는 북한을 이탈한 상태에만 집중하고 있어 온전히 대한민국 국민으로 받아들여지지 못한다는 인상을 준다. 이처럼 남한 사람들이 일방적으로 붙여준 이름 때문에 진정한 대한민국의 국민으로 수용되지 못하고 있다는 문제인식 하에서 실향민과 북한에서 온 사람들, 그리고 내가 같이 합작해 만든 이름이 바로 '북향민'이다. 남한에 살고 있는 사람들도 제주나 부산이 고향이듯이 이분들은 고향이 북한인 대한민국 국민이라는 뜻이다.

그렇다면 왜 여성위원회일까? 2022년 12월 기준으로 대한민국에 입국한 북향민은 총 3만 3,882명, 그 중 남자는 9,510명, 여자는 2만 4,372명이다. 여성이 전체 북향민의 70%를 넘는다. 현실이 이러함에도 지금까지 북향민들의 목소리는 마치 소수의 남성들이 전부인 것처럼 한국사회에 비쳐졌다. 그에 따른 불이익은 고스란히 대다수 북향 여성들의 몫이었다. 성평등 시대에 북향 여성이 스스로 목소리를 내고, 이 목소리를 정책적으로 반영할 수 있는 위원회가 만들어진 것은 어찌 보면 당연한 것이다.

한반도는 종전 70년이 지났음에도 전쟁의 종식은 커녕 다시 열전의 현장으로 언제든 바뀔지 모를 위기의 터널을 통과하고 있다. 그럴 때마다 이미 전세계적으로는 사라진 지 오래인 냉전체제의 이데올로기적 유물은 '국가안보', '공산전체주의'라는 이름으로 다시 살아나 북향민을 옭아맨다. 아니 대한민국 국민 전체를 옭아맨다. 더불어민주당 북향여성인권위원회는 남한 중심이 아닌 북향 여성의 시각에서, 남한 중심의 형식적인 지원이 아닌 북향 여성의 시선으로 관련 법규범과 체계, 정책 등을 재검토해 실제적인 대책과 지원에 나설 것이다.

그렇다면 북한인권 문제와 교류협력을 어떻게 병행할 것인가? 그건 투 트랙으로 가면 된다. 민주당은 이 땅에 온 북향민들이 대한민국 사회에 잘 정착할 수 있도록 누구보다 앞장서서 도와줘야 하고, 북한과의 교류협력에는 어느 정당보다 적극적이어야 한다.

특히 대북 인도적 지원은 너무나 중요하다. 북한은 '더 이상 인도적 지원 같은 건 안 받겠다'고 하지만 '인도적 지원'이 아닌 다른 이름으로 얼마든지 인도적 지원의 효과를 낼 수 있다. 북한과의 개발협력도 있고, 투자도 있고, 상생협력할 수 있는 사안들은 많다. 그 결과를 통해 하나같이 북한 인민들의 삶의 질을 개선하고 의식을 넓힐 수 있으면 충분히 '인도적 지원'이 되는 것이다.

국제사회를 통한 우회로로

북한은 자존심이 세기 때문에 남한과의 직접 교류를 거부할 수도 있다. 이럴 경우 국제사회를 통해 인권 문제나 인도적 지원을 할 필요가 있다. 북한도 유엔 회원국이니 국제사회가 연대해서 문제를 제기하면 마냥 무시할 수는 없게 된다. 북한인권 문제를 인류 보편적인 가치에서 접근하고, 북한으로부터 개선 보고서를 받는 새로운 접근 방식이 요구된다.

인권 문제의 경우 남한이 개별적으로 북한에 문제 제기를 할 경우 오히려 역효과가 날 수 있다. 인권 문제 제기를 자신의 나라에 대한 '내정 간섭'으로 여길 가능성이 크기 때문이다. 그보다는 국제사회의 일원으로 인권 문제를 제기하는 게 더 현명할 수 있다. 다른 나라들과 객관적인 데이터를 가지고 북한인권 관련 토론이나 표결 때 같이 참여하는 것이다.

인도적 지원도 유엔식량농업기구(FAO)와 같은 국제기구의 보고서나 요청사항을 적극 수렴해 국제기구의 이름으로 북한 주민들을 도와야 한다. 이럴 경우 우리의 공을 국제사회가 다 뺏어간다고 생각할 수도 있지만, 도움을 받는 북한 주민들도 결국 남한에서 자신들을 도왔다는 걸 알게 된다. 그러면 자신들의 자존심도 구기지 않을 수 있고, 남한 사회에 대해서도 더 존경과 친밀감을 갖게 될 것이다.

꼭 짚고 넘어가야 할 것은 북한인권의 범위다. 많은 사람들이 북한인권 하면 북한에 살고 있는 사람들의 인권으로 국한한다. 그래서 북한에 살고 있는 사람들이 얼마나 열악한 환경에 살고 있는지를 주로 언급한다. 북한인권의 범위를 북한에 살고 있는 사람들을 포함해 북한을 떠난 사람들, 남한에 와 있는 북향민들까지 포함해야 한다.

여기엔 여러 가지 이유와 근거가 있다. 북한인권을 북한에 살고 있는 사람들로 국한할 경우 당장 북한 당국의 반발을 살 수밖에 없다. 내정간섭이라고 여기기 때문이다. 그렇다 보니 '북한인권'만 얘기하면 북한은 인권 개선은커녕 남한의 '정치 공세'라며 극렬한 거부반응부터 보인다.

북한인권은 북한을 떠난 사람들, 중국이나 해외에 거주하고 있는 북향민들, 남한에 와서 살고 있는 북향민들의 인권 문제여야 한다. 이들의 인권도 제대로 보호해주지 못하는데 어떻게 북한인권을 거론할 수 있겠는가. 실제로 북한에서 온 사람들은 남한에서 북한 주민의 인권이 중요하다고 이야기하면, '남한에서도 우리를 제대로 돌보지 않으면서 무슨 북한 주민 인권 이야기를 하냐'며 회의적으로 바라본다. 결국, 북한인권의 범위는 북한에 살고 있는, 북한을 떠난 북한 사람들을 다 포괄해야만 한다. 실제 미국의 북한인권법은 북한 주민의 인권 증진부터 북한 외부 난민의 보호까지 구체적으로 규정하고 있다. 하지만 우리의 북한인권법은 '군사분계선 이북지역에 거주하는 사람'으로 국한하고 있다. 이제 북한인권의 적용 범위를 넓혀야 한다.

나는 누구보다 북향 여성들의 인권 옹호 활동에 앞장서 왔다고 자부한다. 그런데 북향 여성들을 상담하다 보면 자괴감에 빠질 때가 많다. '우리 대한민국이 이것밖에 안되나?', '남한 내 북향 여성의 인권조차 제대로 보호해주지 못하면서 무슨 북한 주민들의 인권을 위한단 말인가?'

이것은 나의 자괴감이기도 하고 북향 여성들의 한숨이기도 하지만, 북한 당국의 비웃음이기도 할 것이다. 남한에 있는 북향민조차 제대로 살게 해주지 못하면서 무슨 북한인권 운운할 자격이 있단 말인가, 역시 남한이 이야기하는 북한인권은 북한 체제를 공격하기 위한 수단일 뿐이라고.

그러기 위해선 북향민에 대한 지원 일변도의 정책도 달라질 때가 됐다고 본다. 그동안은 물고기를 열심히 잡아줬다. 이 때문에 남한에 와서 일하면 바보이고 기초생활수급비를 받는 게 당연한 것처럼 여겨져 왔던 것이 사실이다. 남한에 오자마자 시멘트로 둘러싸인 집만 주고 가본 적 없는 마트에 가서 알아서 쇼핑하고 알아서 먹고 살라 하니 북향민들은 막막할 수밖에 없었다. 이렇게 여러 시행착오를 겪으며 문제점을 알았다면, 이제는 물고기 잡는 법을 알려주는 정책으로 바뀌어야 한다. 내가 위원장을 맡은 북향여성인권위원회가 앞으로 주도적으로 이 문제를 해결해 가려고 한다. 이렇게 북향민 인권을 개선해 나간다면 우리나라의 다른 사회적 약자 인권 개선, 나아가 북한인권 개선에도 큰 울림을 줄 수 있을 것이다.

수많은 역경을 이겨내고
대통령이 된 사람,
대통령이 되어 말로만이 아닌
직접 몸으로 통합과 용서를
보여준 사람,
바로 김대중 대통령이
민주당의 정신인데
어떻게 민주당 이외의 당을
생각할 수 있겠는가.

그래서 민주당이다

"안녕하세요 선생님, 오랜만이에요. 저, 이번에 상근 부대변인으로 당에 들어가게 되었어요."

"오 축하해요. 정말 당에서 인재를 알아봤네요. 앞으로 많은 역할 기대해요. 국민의힘에 들어간 거죠?"

"아뇨. 더불어민주당이에요."

"네? 왜요?"

역시나, 예상했던 반응이다. 지금까지 더불어민주당에서는 북한인권, 북향민 인권에 대해 목소리를 거의 내지 않았는데 어떻게 내가 그런 당에 들어갈 수 있냐는 것이었다.

전라북도 군산에서 자란 나는 선거에서 민주당 이외의 다른 당을 찍는다는 것은 단 한 번도 생각한 적이 없었다. 나에겐, 아니 전라도에겐 민주당이 정의이고 진리였기 때문이다. 아마 경상도 분들은 국민의힘을 향해서 비슷한 생각을 가지고 있을 것이다.

죽으나 사나 나는 민주당

나는 민주당 외에 다른 당은 생각해 본 적이 없다. 수많은 역경을 이겨내고 대통령이 된 사람, 대통령이 되어 말로만이 아니라 직접 몸으로 통합과 용서를 보여준 사람, 바로 김대중 대통령이 민주당의 정신인데 어떻게 민주당 이외의 당을 생각할 수 있겠는가. 가장 존경하고 닮고 싶은 대통령이 있는 곳인 민주당을 어떻게 저버릴 수 있겠는가 말이다.

사실 나는 지난 총선에서 국민의힘 측으로부터 연락을 받았다. 인재영입으로 받아들이겠다는 것이었다. 내가 평소 북한인권과 탈북민 인권에 대해 이야기하는 변호사이기에 자신들과 노선을 같이 한다고 생각했던 것 같다. 하지만 난 가장 존경하는 김대중 대통령의 민주당을 버릴 수가 없었다. 의리의 노무현 대통령이 있는 민주당 이외의 정당은 생각하고 싶지 않았다.

나는 이런 말로 제안을 거절했다. "제안을 주셔서 너무 감사하지만, 저는 민주당에서 태어났고 민주당 사람이라 그건 힘들 것 같습니다." 아마도 정치에 욕심이 있었고 국회의원이 되는 게 야망이고 목표였다면 그 제안을 어렵지 않게 받아들였을 것이다. 그렇게 했더라면 나는 화려한 조명을 받으며 정치에 입문했을 수도 있을 것이다.

하지만 그럴 수 없었다. 그런 게 싫었다. 지금까지도 그렇지만 앞으로도 죽으나 사나 나는 민주당 소속이기 때문이다.

　노무현 대통령도 부산 지역에 터를 잡고 있었지만 민주당 소속이었다. 출마하면 떨어질 게 뻔한데도 노 대통령은 출마하셨고 예상대로 떨어지셨다. 그가 내세운 건 '지역주의 타파'였다. '부산에서도 민주당이 가능하다'는 걸 보여주고 싶었다.

　정치인은 명분을 따라 살고, 명분을 따라 죽는 존재라고 생각한다. 국민은 그 명분을 보고 정치인, 정당을 평가하고 선택한다. 우리 사회의 진보·보수에 대한 기준선이 애매하지만, 단순하게 현상을 유지하려는 쪽을 보수, 현상을 변화시키려는 쪽을 진보라고 한다면 나는 진보가 맞다. 진보, 보수 상관없이 배지 다는 게 목적이었다면 이 당 저 당 옮겨다니는 철새도 마다하지 않았을 것이다.

　나는 성향상 내 소신과 맞지 않는 곳에서, 내 소신과 어긋나는 일을 할 수가 없다. 양심에 가책을 느낄 것이기 때문이다. 하나도 신바람 나지 않을 것이기 때문이다.

　민주당에 발을 들여놓은 이상 당에서 내가 해야 할 역할도 분명하다. 북한인권, 탈북민 인권에서 민주당에 붙은 '선택적 정의', '선택적 인권'의 오명을 벗어던지는 것이다. 민주당 본연의 가치인 인권과 민주주의를 추구하는 당으로 거듭나고 확장할 수 있도록 보완재가 되는 것, 그것이 내 역할이라고 생각한다.

　민주당은 한국 현대사의 굴곡인 전쟁과 독재와 분단과 불평등에 맞서 평화와 민주주의, 통일과 인권을 추구해 왔다. 그렇다 보니 '운동권 정당', '좌파 정당'이라는 누명을 쓸 때가 있었다. 가끔 그런 언행을 하는 선배 정치인도 있었다.

대한민국 위기와 민주당의 길

2024년은 국회의원 총선거가 있는 해다. 주권자인 국민이 다음 4년 동안 국정 운영의 수임자를 고르는 시간이다. 각 지역 총선에 나서는 출마자들은 국민의 바람이나 시대의 요청은 뭔지, 이런 상황에서 자신의 역할은 뭔지 고민이 깊어질 수밖에 없다. 그러면서 자연스럽게 정치 개혁에 자신의 역할과 사명을 연결짓게 된다.

집권층은 기득권의 이익을, 개혁을 위한 도전자는 대중을 대표한다. 집권세력이 기득권의 이익을 보호하고 이를 위한 법이나 정책을 추진한다면 억압받고 힘겹게 살아가야 하는 대중들은 저항하는 것이 당연하다. 이러한 이유로 정치에 도전하는 사람들은 정치 개혁의 기치를 선명하게 내걸어야 하고, 사회 정의와 평등, 평화를 위한 열의로 가득 차야 한다.

지금 대한민국은 위기다. 부정부패가 창궐하는 정치, 붕괴의 길을 달리는 경제, 도의가 무너지고 있는 사회라는 현실에서도, 현 정부는 이러한 비극적 현실을 그대로 지켜보거나 또는 조장한다. 이러한 현실에 저항할라 치면 거짓과 선동으로 민주주의를 위협한다고 되레 딱지를 붙인다. 이에 대해 민주당은 결코 무기력하게 대응하면 안 된다. 이런 현실에 대해 무관심이나 무관여를 표방하면서 자신의 연명만을 꾀한다면 총선은 필패일 수밖에 없고, 그런 정치인은 국민들로부터 외면받을 수밖에 없다.

부패하고 무능한 집권세력이 민생을 억압하고 나라의 미래를 망치고 있는 현실에서, 국민은 민주당에게 분명히 요구하고 있다. 부패·무능한 정권을 심판하되 수권 정당으로서의 민주당의 위상을 분명히 정립하라는 것이다. 한 마디로 민주당에게 희망이 있음을, 윤석열 정권으로 나라가 끝장나지 않을 것임을 보여달라는 것이다.

그 1차 관문이 바로 2024년 총선이고, 그것은 공천이나 선거 과정에서 얼마나 개혁적이고 실력있는 인재들을 뽑느냐에 달려 있다. 민주당은 총선 과정에서 당 내에 자행되는 일체의 불법행위에 대해 엄단할 필요가 있다. 4·19혁명 이후 자행된 부정행위, 선거범죄는 국민과 민주당을 위기로 몰아넣은 무능·부패 정권을 탄생시켰음을, 그래서 민주주의를 뿌리내리게 할 수 있는 기회를 날려버렸음을 똑똑히 기억해야 한다.

민주당 내부 분위기는 '죽기를 각오하고서라도 바꾸라'는 분위기가 역력하다. 지난번 대표 선출을 위한 전당대회에서 당원의 77.7%가 이재명 대표를 선출한 것도 그렇고, 혁신위 구성이나 진행 과정에서 변화에 대한 당원들의 요구가 빗발친 것도 그렇다. 그 핵심은 민의를 제대로 반영하라는 것이다. 힘있게 개혁해 달라는 것이다. 이러한 당원들의 목소리는 지난 총선에서 표를 몰아줬지만 야당인 국민의힘에 질질 끌려가고 결국 정권마저 내줬던 상황과 무관치 않다. 이대로 무기력하게 끌려가면 끝장이라는 게 지금 민주당 당원들 대다수의 입장이라고 생각한다.

그렇다면 무엇을, 어떻게 할 것인가? 총선 승리를 위한 혁신적인 공천이 필요하다. 민주당 국회의원들이나 당원들만이 아니라 '윤석열 정부가 나라를 망치고 있다'고 생각하는 모든 국민들의 목소리를 대변할 수 있는 플랫폼이 되는 것, 그 플랫폼에서 젊고 유능한 정치인들을 대거 발굴하는 것, 그것이 총선을 승리하고 현실의 걱정과 미래에 대한 불안 속에 하루하루를 버텨가는 이 땅 국민들을 위한 민주당의 역할이라고 생각한다.

나는 노무현 대통령의 자서전 『운명이다』를 읽다가 한 대목에서 시선이 고정되고 말았다. 가슴이 먹먹했다. 동네 아이들조차 '노무현'을 조롱하고 비난하다시피 할 때가 있었다. 대통령은 그 모든 비난과 책임을 오롯이 '내 탓'으로 받아내셨던 것이다.

"비가 오지 않아도, 비가 너무 많이 내려도 다 내 책임인 것 같았다. 아홉 시 뉴스를 보고 있으면 어느 것 하나 대통령 책임 아닌 것이 없었다. 대통령은 그런 자리였다."

나는 대통령의 자리, 국회의원의 자리가 바로 그런 자리라고 생각한다. 0.7% 차이이긴 했지만 어쨌든 국민들은 정치 초등생 윤석열 대통령에게 기회를 줬다. 거기엔 '전 정권보다 잘할 거다', '정치인이 아니기에 신선할 거다'란 기대도 있었다. 더군다나 본인이 그렇게 하겠다고 약속까지 단단히 했으니 말이다. 그런데 대통령이 되자마자 윤 대통령의 폭주가 계속되고 있다. 더 나은 정부를 만들 것이라던 공약은 지켜지지 않고, 집권 1년이 넘었음에도 '전 정부 탓'으로 일관하고 있다. 무책임과 불통이 계속되고 있다. 공정과 상식을 믿었던 국민을 배신하고 있다.

민족사에 빛나는 독립유공자 홍범도 장군을 공산주의자로 모욕하고 있고, 일각에서는 이러다가 이순신 장군 동상 철거까지도 할 거라는 우려가 나오고 있다. 국민의 생명과 직결된 후쿠시마 오염수 방류를 방관 또는 지지하고, 북한과의 대화보다는 한반도 전쟁 위험을 조성하고, 심각해지는 경제난 속에 국민의 고통도 나날이 깊어져 간다.

현 정부에 동의하는 세력은 '자유 민주주의' 세력으로, 반대하는 세력은 '공산 전체주의' 세력으로 매도한다. 정권에 비판적이고 반대하는 목소리는 철저히 억압하고 탄압한다. 공산 독재국가인 북한이 인민을 노예와 수단으로 동원하고 이용하는 방법과는 달라야 하는데 지금은 큰 차이점을 발견하기가 어려울 정도다.

민주당은 지금 불의와의 비타협만 있을 뿐

지금 대한민국 부부에겐 아이가 없고, 청년에겐 일자리가 없으며, 국민에겐 안전과 미래가 없다. 국가가 국민을 지켜주기는커녕 오리발을 내밀며 오히려 겁박한다. 10·29 참사, 오송 지하차도 참사, 해병대 채상병 순직 사건이 그 단적인 사례들이다. 그러는 사이 국민은 각자도생 중이다. 동족을 믿을 수 없다는 불신과, 앞날에 기대를 걸지 않는 패배의식이 곳곳에 도사려 '묻지마 범죄'도 성행하고 있다. 고함을 쳐도 대답할 줄 모르고, 눈물로 호소해도 정부의 누구도 움직이려 하지 않는다.

이것이 무책임하고 무능한 윤석열 정권이 1년이 넘는 집권 기간에 망쳐낸 우리 조국, 우리 국민의 현실이다. 주권자인 국민의 관용은 더 이상 미덕이 아니다. 그것은 민주주의의 교살일 뿐이다. 민주당이 현 정부의 부조리에 맞서 싸우지 않는다면 그것은 직무유기일 뿐이다. 국민의 대표이자 주권자인 민주당에게는 지금 '불의와의 비타협'만이 있을 따름이다.

국민은 지금 민주당에게 요구한다. 현 윤석열 정부에게 묻고 따지라고. '과연 국민이 참여하는 민주주의가 실현되고 있는가?', '오히려 국민을 괴롭히고 강제동원하고 희생을 강요하고 있지는 않은가?', '주권자에게 충분하고도 필요한 이해는 구했는가?', '국정 운영은 국민적 합의를 얻어서 하고 있는가?' 그렇게 하고 있지 않다면 그렇게 하도록 따지고, 제지하고, 돌이키게 해야 한다. 국민이 수긍하지 못하는 '국민 괴롭힘'은 주권자인 국민에 대한 반역일 뿐이다.

무릇 당이란 국민과 대중을 위해 존재하는 것이지 일당일파의 이익을 위해 존재하는 것이 아니다. 민주당은 반격과 응징, 가결파 색출이라는 당 분열을 멈추고 통합과 전진으로 나아가야 한다. 민주당이 내부 분열에 정신이 팔린 동안 윤석열 정권은 마음놓고 국정을 농단하고 민생을 팽개치고 있다.

'흩어지면 죽고 뭉치면 산다'는 말이 요즘처럼 절실히 와닿을 때가 없다. 이제 이재명 대표의 구속영장 기각과 강서구청장 선거 대승으로 야당은 단결하고 있다. 지금이야말로 민주당은 윤석열 정권의 폭정에 책임있게 대응할 때다. 민주당의 민주당다움을 보여줄 최적의 타이밍이다.

[프레시안] 2021년 10월 이재호 기자

민주당 아킬레스건은 북한 인권?
북향민 존중부터 시작해야

[인터뷰] 정당으로 무대 옮긴 전수미 화해평화연대 이사장

지난해 6월 북한은 개성에 위치한 남북공동연락사무소를 폭파시키며, 남한 민간단체의 대북 전단 발송을 이유로 들었다. 이에 대북 전단 발송이 실제 북한 주민들에게 전달되는지, 북한 주민들에게 주는 영향보다 다른 목적을 노려 민간단체들이 전단 발송을 지속하고 있는 것은 아닌지에 대한 의구심이 제기됐다.

그해 8월 3일 전수미 변호사(사단법인 화해평화연대 이사장)는 국회 외교통일위원회에 출석해 대북 전단 발송 및 북한 인권 단체에서 일했던 자신의 경험을 바탕으로 대북 전단이 해당 단체들의 돈 벌이 수단으로 활용되는 측면이 있으며, 그 중 일부는 단체의 유흥비로 쓰이고 있다고 밝혔다.

또 그는 자신이 속한 단체에서 활동하는 탈북민 남성에게 성폭행을 당했다면

서, 이 사건이 본인과 유사한 피해를 당한 탈북민 여성들을 지원하는 일을 하게 된 계기가 됐다고 진술했다.

오랜 기간 동안 민간 단체에서 활동가로 일해 왔던 전 변호사의 진술은 적잖은 파장을 불러왔다. 그의 폭로로 단체들에 대한 후원에도 차질이 빚어질 수 있었다. 그 여파를 의식해, 해당 단체에서 일하던 일부 탈북자들은 전화 통화로, 또는 그의 사무실과 집 앞으로 찾아와 협박과 위협을 가하기도 했다.

십여년 전 탈북민 남성으로부터 성폭행을 당했던 전 변호사에게 이러한 협박은 상당한 압박으로 다가왔다. 국회에서의 진술 이후 한동안 우울증과 두려움이 그를 지배하기도 했다.

사람들 앞에 나서기를 망설이던 전 변호사가 지난 9월 더불어민주당의 상근 부대변인으로 모습을 드러내며 목소리를 내기 시작했다.

정당 활동을 하면 어쩌면 지금까지의 협박·위협과는 차원이 다른 상황에 직면할 수도 있음에도, 그는 왜 이 길을 택했을까? 지난 6일 서울 여의도에 위치한 (사)화해평화연대 사무실에서 <프레시안>과 만난 전 변호사는 정치 입문 계기를 묻자 탈북민 여성 이야기를 꺼냈다.

"검찰이 북한에서 온 여성을 성폭행한 경찰에 대해 무혐의 처분을 내렸다. 그러자 그 여성분이 저한테 '변호사님, 제가 북한에서 와서 이렇게 (무혐의 처분이) 된 것이죠? 지금 정부나 당(더불어민주당)에서는 별로 관심 없으신거죠?'라고 하더라.

그 말을 들은 나는 그렇지 않다며, 지금 정부도 관심이 많고 여당은 인권 문제를 중시한 전통이 있는 당이라고 했다. 그럼에도 실질적으로 그분에게 그런 말을 듣는 것이 마음 아프더라.
그래서 제가 이분들의 소통 창구로서 역할을 해야겠다는 생각이 들었다. 이분들이 대한민국에서 버려지지 않았다고 느낄 수 있도록 해야겠다는 생각에, 고민 끝에 (당직을) 받아들이게 됐다."

전 변호사는 자신도 성폭행을 당한 경험이 있고, 또 고향이 전라북도 군산이라는 이유로 차별을 받은 적이 있다면서 "북한에서 온 여성들도, 저도 스스로 선택하지 않은 이유인 고향이나 성별 때문에 차별을 받았는데, 이런 사람들이 조금이나마 줄어들었으면 하는 바람에서 이들을 돕는 일을 시작하게 됐다"고 말했다.
이와 함께 탈북 여성들의 인권을 위해 정치권의 관심이 절박해진 현실적 이유도 그가 당직을 맡게 된 계기가 됐다.
"8월 경에 더불어민주당에서 당직 제안이 왔다. 그런데 저는 당에서 활동해본 경험도 없고 정치는 해야 할 분들이 따로 있는 거라고 생각해왔기 때문에 고민했다. 그러던 중 다른 여성단체에서 활동하시던 분이 '변호사님 이쪽 분야에서 거의 20년 동안 일했는데 바뀐 게 있어요?'라는 말씀을 하시더라.
생각해보니 제가 지난해 국회 외교통일위원회에서 진술했던 성폭행 피해도 이미 10년이 훌쩍 지난 일이었다. 지금 시점에서도 여전히 그러한 피해자가 생기고 있는 건 변하지 않는 현실이었다.
국회 진술 이후 협박에 시달리면서 많은 고통이 있었지만, 구조나 제도가 바뀌는 것 같지는 않았다. 법과 제도가 변화되는 것이 중요하다는 것을 생각하게 됐고 그래서 결심하게 된 측면도 있다."

전 변호사가 속한 더불어민주당은 북한 인권에 많은 관심을 두지 않는 편이다. 또 북한 인권과 관련한 단체들은 더불어민주당보다는 국민의힘 등 야당 쪽에 더 가까웠던 것이 사실이다. 실제 전 변호사도 현장에서 활동하면서 이런 이야기를 많이 들어봤다고 말했다.

"북한 인권에 대한 활동을 하면서 북향민(탈북자)들로부터 가장 많이 들었던 이야기가 '더불어민주당은 우리한테 관심이 없다, 북한에서 왔기 때문에 사실상 버린 것 아니냐'라는 말들이었다. 우리 당의 아킬레스건이 북한 인권이나 북향민 문제라는 점은 부인하기 어려운 측면도 있다.

그런데 저는 그렇게 보이는 것뿐이라고 생각했다. 더불어민주당이 인류 보편적 가치를 중시하고 그러한 방향에서 접근하여 북한 인권 문제에 대한 대안을 제시할 수 있다고도 봤다. 또 제가 입당해서 활동하면서 더불어민주당이 북향민들 인권에 관심이 없는 정당이 아니라는 점을 보여주고 싶기도 했다."

북한 인권, 남한에 있는 '북향민'들에 대한 존중부터 시작해야

전 변호사는 지난해 국회에서 진술했듯이 현재 남한 사회 내에서의 북한 인권 문제제기가 왜곡된 측면이 있다고 말했다. 실제 주민들의 인권 향상보다는 다른 목적으로 이 문제가 활용되고 있다는 지적이다.

"제가 북한 인권 관련한 활동을 하면서 안타까웠던 건 북한 인권을 정치화·이슈화시키고 후원금을 받는 용도로 활용했다는 점이다. 또는 본인이 인권투사가 되어 남한 내에 형성돼있는 북향민 사회에서 또 하나의 권력을 잡는 수단으로 이용했다는 점이다.

또 북한인권 문제를 제기하시는 분들 중에는 1990년대에 오신 분들도 있다. 이런 분들과 최근에 남한으로 오신 분들하고는 진술에 차이가 있다.

우선 북한 내 인권교육이 달라졌다. 예전에는 성폭행, 성교육 등을 전혀 받아보지 못하거나 말을 들은 적도 없다고 하는 진술이 많은데 요즘에 오신 분들은 교육을 받아본 적도 있고 그런 말을 들어본 적도 있다고 진술한다.

김정은 집권 이후에 달라진 측면도 있다. 북한에서는 장애인을 '불구자'라고 하는데, 김정은 집권 이후에는 언론 매체에 장애인에 대한 인식 개선 이야기가 계속 나오고 있기도 하다.

이처럼 북한도 바뀌는 것이 있는데 예전 이야기를 하니까 시차가 생기고, 인권 문제를 북한 체제 공격을 위한 도구로만 사용하다 보니 실제 북한 주민들의 인권 개선에는 크게 도움이 되지 않는 것이다.

남한이 북한에 쌀이나 인도적 지원을 했을 때 북한의 소위 '장마당'에서 쌀값이 하락한다. 직접적으로 남한의 지원을 받는 주민이 아니더라도 이런 것들이 오히려 주민들의 삶에 실질적인 도움이 되는 것 아닌가?"

전 변호사는 북한인권 문제를 북한 체제 전복을 위한 도구로 이용하려는 태도에서 벗어나는 것이 실제 인권 개선을 위해 시급한 과제라고 강조했다.

"북한도 유엔 회원국으로 의무가 있으니 국제사회가 연대해서 문제제기하고 북한도 노력해서 개선하는 방식을 택해야 한다. 인류 보편적인 가치에서 접근하고, 북한으로부터 개선 보고서를 받는 방식이 필요하다. 국제사회의 일원으로서 이 문제를 접근하는 것이 적절하다."

그는 또 북한 인권이 현재 북한에 거주하고 있는 주민들뿐만 아니라 남한이나 제3국으로 이주한 북한 출신 주민들에게도 적용돼야 할 필요가 있다고 말했다. 그래야 북한 인권 문제 제기에 대한 탈북민들의 회의적인 시각도 없어질 수 있다는 설명이다.
"북한에서 온 사람들은 남한에서 북한 주민의 인권이 중요하다고 이야기하면, 남한에서도 우리를 제대로 돌보지 않으면서 무슨 북한 주민 인권 이야기를 하냐고 회의적으로 바라본다."

이와 함께 전 변호사는 북한 주민들의 인권 신장은 남한에 온 탈북자인 '북향민'들에 대한 존중부터 시작해야 한다고 당부했다.
"2010년부터 실향민, 북향민들과 함께 탈북자가 아닌 '북향민'이라는 용어를 쓰는 것이 맞지 않냐고 의견을 모았다. 북향민은 북한에 고향을 두고 있는 대한민국 사람들을 의미하는 말이다.
이러한 용어를 만들게 된 데에는 '북한이탈주민' 이라고 부르는 것이 우리가 진짜 이들을 우리 사회의 일원으로 받아들이고 있는지에 대한 성찰이 있었기 때문이었다.
실제 북향민에 대한 우리 사회의 정책을 보면 일방적으로 남한에 대한 동화를 강요하는 측면이 있다. 점점 나아지고 있기는 하지만 여전히 북한에서의 경력은 인정되지 않는 경우가 많다. 북한을 무시하고 존중이 없다 보니 거기서 온 사람들에 대한 존중도 없는 것이다. 그러니까 인권 유린이 자행될 수밖에 없는 셈이다.

정말로 북향민 인권을 이야기하고 싶다면 그들의 과거에 대해서도, 또 그들이 나고 자란 곳에 대해서도 존중하는 마음이 있어야 한다.

우리의 시각으로만 북향민들을 판단하는 것도 문제다. 북한에는 시민의 역할이라는 개념이 없다. 따라서 북향민들에게 남한 사회에서의 생존뿐만 아니라 시민사회에 대한 교육도 있어야 한다. 한 사회의 시민으로서 역할을 할 수 있도록 보다 세심한 접근이 필요하다."

나의 입당과 활동으로 더불어민주당이 북향민들 인권에 관심이 없는 정당이 아니라는 점을 분명히 보여주고 싶었다.

그래서 당에서 상근 부대변인으로 북향 여성 인권에 대한 논평을 시작으로 여러 활동을 해왔다. 또한 인권 활동을 하면서 느꼈던 현재 남한 사회 내에서의 북한인권 문제의 왜곡된 면에 대해서도 문제를 제기했다.

북한인권이 실제 북한 주민들의 인권 향상보다는 정치적 공격의 수단으로 활용되는 현실에 대해 안타까움을 느끼며, 진정한 북한인권을 위해 민주당이 일하길 바랐던 것이다.

지금 민주당은 무엇을 할 것인가?

새 시대에는 마땅히 새로운 정신이 요구된다. 우리는 외신에서 지적하는 '기본도 없는 대통령'(영국 이코노미스트), '서민의 눈높이와 거리가 먼 대통령'(독일 쥐트도이체자이퉁), '자기 조국을 이해하지 못하는 대통령'(스위스 데어분트)을 모시고 살아가고 있다.

이러한 암울한 현실에서 집권여당과 맞서 싸우고 국민을 대변할 민주당의 개혁이 절실하다. 그렇다면 민주당의 지도부는 어떠한 기준과 내용을 바탕으로 어떤 '시대정신'을 제시해야 할까.

첫째로, 국민이 나라의 주인이라는 주권재민의 확립이다. 모든 사람의 권리와 이익을 보호하고 발전시키기 위해 우리는 국가라는 거대한 권력기구를 가지고 있다. 정치의 목적은 사회 정의의 실현에 있고 그 수단으로서 권력이 있다. 정의는 정치의 목적이고, 권력은 정치의 수단이다.

정의와 권력이라는 가치질서는 매우 준엄하고 명료함에도 현 정권에서는 권력과 정의가 전도되고 있다. 이재명 당대표가 당선 직후 영수회담을 제안하자마자 검찰은 이재명 당대표에 대한 소환을 통보하며 정치보복을 본격화했다. 그러하기에 민주당은 '힘이 정의'라 우겨대는 현 정권에 맞설 수밖에 없는 것이다. '검찰의 지배'에서 벗어나 '정의의 지배'를 확립하고, 그리하여 국가를 국민에게 돌려줘야 한다.

둘째로, 사회적 약자를 배려하는 정의 실현이다. 지금까지 우리는 정의가 힘이 없어 불의로 몰리거나 힘에 의해 패배당하는 비극을 보았다. 코로나, 수해, 참사 등 각종 사회 악재가 발생할 때 가장 먼저 장애인을 비롯한 사회적 약자들이 희생당하는 불행 또한 수없이 겪었다. 사회적 약자에 대한 배려가 민주사회가 가지는 힘의 원천임을 자각하고 정의가 무너진 폐허 위에 굳건한 정의를 세우겠다는 비상한 자각과 실천이 필요하다. 그러하기에 민주당의 지도부는 사회적 약자를 최우선으로 배려하는 정의 실현을 위해 그 힘을 활용해야 할 것이다. 그 시작은 민주당의 새로운 지도부와 당직 구성, 내년 공천에 장애인을 비롯한 '사회적 약자' 몫의 배려일 것이다.

셋째로, 민생을 위한 경제적 질서의 확립이다. 경제생활의 안정은 인간의 기본적인 욕구이자 사회발전의 기초조건이다. 오늘날 많은 사람들이 여유가 없게 된 이유 중 하나가 바로 국민들의 경제적인 안정이 확립되지 못한 데 있다. 의식(衣食)이 만족스럽지 않은데 어떻게 사회적 약자와 타인에 대한 배려에 힘쓸 수 있겠는가. 국민들의 경제적 부흥은 정치적 자립을 꾀할 수 있는 길이며, 이는 사회적 약자와 중산층을 기반으로

하는 민주당의 '본진'을 수호하는 일이기도 하다. 국민 개개인의 경제체제를 세우는 일은 중요하다. 무엇보다 청년과 노인의 취업과 실업문제, 사회적 약자에 대한 배려와 사회 참여는 민주당의 근본과제라 할 것이다.

지금 국민들의 시각에서 대한민국의 정치는 '미래'보다 '과거', '대화'보다 '대립', '전진'보다 '보복'을 지향하면서 막대한 시간과 에너지를 소모하는 전쟁 그 자체다. 참으로 부끄러운 현실임을 고백하지 않을 수가 없다. 이러한 정치 후진 사회를 극복하고자 새로운 민주당 지도부는 민주당의 가치실현을 위한 우선순위를 정하고, 국민과 당원을 설득하여 공감대를 형성해야 한다. 나아가 민주당의 행동에 따른 결과에 대해 책임을 지는 모습 또한 필요하다. 민주당이 '과거'보다 '미래'를, '이념'보다 '실리'를, '진영'보다 '통합'을 우선해야 하는 이유다.

또한 민주당은 지금까지 검찰 폭정에 이리 쫓기고 저리 휘둘리며 벗어나지 못한 과거를 깨끗하게 청산하고, 청신한 기풍을 국민들에게 보여줘야 한다. 지나친 이념 과잉에 따른 국민 선동으로 정국을 불안케 하는 현 정권의 횡포와 협소한 시야에 대응하여, 언제든지 도래할 정권인수라는 만반의 태세를 갖추어야 한다. 그러기 위해서는 국민들의 절대적인 지지가 있어야 할 것이다. 나라의 장래가 풍전등화 같고 우리 개개인의 생존조차 위협받고 있는 이때에, 야당이 이 사회와 민중을 도탄 속에서 구하는 일에 온 역량을 다하여 강하게 일어선다면 전 국민의 지지와 성원은 그저 덤으로 주어질 것이다.

한반도 평화, 그것은 내가 변호사로, 화해평화연대에서 활동하는 이유이기도 하다. 평화가 실현되기 위해서는 먼저 우리 안의 남남 화해, 남북 화해가 있을 때라야 가능하다. 우리 남한 사람들 마음속의 38선이 무너져야 이 땅위의 38선도 무너질 수 있는 것이다.

이 땅의 평화와 통일이야 말로 이 목숨 다하는 날까지 내가 감당해야 할 소명이라고 생각한다. 김구 선생이 못다 이룬 나의 독립운동은 지금도 진행 중이며, 그 끝은 한반도 평화와 통일이다. 그 날이 오면 나는 비로소 이 땅에 온 소임을 다하게 되는 것이다. 그리고 기쁜 마음으로 눈을 감을 수 있을 것 같다.

한반도의 메르켈 총리를 꿈꾸며

최근 통일부의 북한인권실태보고서 발표 등으로 북한의 인권 실태를 알리는 정부의 여러 행보가 감지되고 있다. 북한인권대사 임명, UN 북한인권결의안 공동제안국으로 참여, 북한인권증진위원회 발족 등이 그러하다.

윤석열 정부가 추진하는 북한인권재단의 설립 근거인 북한인권법안은 2005년부터 11년간 발의와 폐지를 반복하다가 2016년 여야 합의 끝에 가까스로 제정되었다.

북한인권법은 전체 17개의 조문으로 구성되어 있는데, 여러 문제점들이 있다. 우선, 북한인권법의 제정 배경이 여야 공동의 합의를 이끌어내기 위함이라는 점에서 서로 요구를 수용하는 문구를 삽입함으로써 각 조항에 일관성이 부족하다. 또한 한 조항 안에서도 문장이나 단어가

명확하지 않거나 상충하는 내용이 담겨 있어 실행까지 가는 데 많은 한계를 내포하고 있다.

북한인권법 제1조는 '북한주민의 인권보호 및 증진'에 기여함을 목적으로 한다. 여기에서 과연 '증진'이라는 단어의 의미가 무엇인지 명확하지가 않다. '증진(增進)'이라는 말은 국립국어원의 표준대사전에 따르면 '기운이나 세력 따위가 점점 늘어가고 나아감'이라는 뜻이다. 그래서 경제협력을 증진한다거나 수출 증진 등의 용어에서 주로 사용한다.

그렇다면 '인권증진'이라는 말은 인권이 점점 늘어가고 나아간다는 뜻인데, 현재 북한 내부 주민들의 인권은 침해당하고 있고, 북한 외 중국이나 한국에서도 차별로 인해 인권 침해를 받고 있는 바, 이러한 상황에서 인권이 늘어간다는 것이 어떠한 개념인지, 또 나아간다는 것이 어디로 어떻게 나아간다는 것인지 언뜻 머릿속에 잡히지 않는다.

다음으로, 북한인권법 제2조 제2항은 '국가는 북한인권증진 노력과 함께 남북관계의 발전과 한반도에서의 평화정착을 위해서도 노력하여야 한다'면서 국가의 의무를 명시하고 있다. 하지만 북한은 북한인권 문제에 대해 이야기할 때마다 자국의 주권침해라고 반발하고 있다. 이러한 이유로 남북의 관계 발전을 도모했던 대한민국 정부는 유엔의 북한인권결의안에 대해 기권할 수밖에 없었다.

이러한 정치적 배경을 고려한다면 북한인권 증진 노력과 남북관계 발전을 병행한다는 것은 현실적으로 불가능하기에 위 문구는 현실을 반영하지 못한 이상적인 표현에 지나지 않는다고 할 수 있다. 대한민국 정부는 북한이탈주민의보호및정착지원법 제4조, 북한인권법 제9조에 따라 북한이탈주민의 보호 및 지원을 위한 외교적 노력을 다하고, 북한인권 증진을 위해 국제적 협력을 도모해야 할 의무가 있다. 또한 2016년 11월 11일 시행된 북한인권법에 따라 북한 주민들의 인권을 보호하고 개선해야 할 책임도 있다. 하루빨리 북한인권재단을 정상 출범시켜 북한인권법의 본래 목적을 달성하게 하면서도, 운영에 있어서 실질적 문제점이나 북한인권법 자체의 문제점을 보완하는 북한인권법 개정이 필요하다. 북한인권의 수호는 특정 진영의 문제가 아니라 민족자결권의 행사이자 의무이기 때문이다.

이를 위해 민주당 북향여성인권위원회는 남북의 현실 그리고 북향민들의 현실에 입각해서 제대로 된 북한인권법을 위한 법 개정에 나서고 있다. 현재 북한인권법에서 지원하고 적용되는 '북한 주민'의 범위를 제3국이나 남한 거주 북향민으로까지 확대하려 한다. 실향민과 북향민은 똑같이 북한이 고향인데도 한국전쟁 시 남한에 내려온 실향민은 이산가족 상봉의 대상자가 되어 가족을 공식적으로 만날 수 있는 기회를 가질 수 있지만, 북향민은 한국전쟁 이후 북한에서 왔다는 이유로 북한에 있는 가족을 만나지도 못하고 조용히 살아야 하는 게 현실이다. 이것은 똑같은 북향민에 대한 차별이다. 북향여성위원회는 북향민도 남북 이산가족 상봉 대상자로 선정될 수 있도록 추진하려 한다.

북향여성위원회는 또 북향 여성에 대한 인식 개선을 위해 남한 관련자들의 교육, 북향 여성의 역량 강화를 위한 시스템 구축, 기본 생활 지원, 사회참여기회 확대 등 북향 여성이 겪고 있는 문제 해결을 위한 관련 법과 정책을 재정비하려고 한다.

나는 북향 여성 스스로가 자강, 자립할 수 있게 지원하여 언젠가 동독 출신의 메르켈 총리 같은 훌륭한 북한 출신 여성 지도자가 한반도 전체를 아우르는 날을 꿈꾼다. 북향 여성도 함께 이루어가는 한반도 통일과 평화, 참으로 신선하지 않은가.

한반도 평화의
그날

　우리나라는 양심의 자유, 신앙의 자유, 사상(언론·출판·집회)의 자유를 헌법으로 보장하고 있다. 대한민국 국민이라면 누구나 자신의 생각이나 주장을 대중에게 표출할 수 있는 것이다. 그런데 현실은 그렇지 못하다. 남북 분단과 그것을 조장하고 그로부터 얽매이는 국가보안법 때문이다.

　남북은 분단 70년을 넘으면서 적대와 교류, 냉탕과 온탕을 오가고 있다. 그 와중에 1,000만 이산가족은 상대 가족의 생사조차 확인하지 못한 채 눈을 감고 있다. 배가 고파서, 더 나은 삶을 위해 잠깐 고향을 떠나온 북향민들에게 북한은 오매불망 꿈이나 상상에만 갈 수 있는 곳이 되고 있다.

　북한에 가고 싶다고, 북한에도 사람이 살고 있다고, 왜곡된 눈이 아닌 있는 그대로의 북한을 봐야 한다고 주장했다는 이유로 빨갱이로 몰리고, 국가보안법으로 기소되고, 감옥에 갇힌다. 이것이 과거부터 쭉 이어져온 대한민국의 현실이다.

2023년 9월 26일 헌법재판소는 국가보안법 일부 조항에 대해 합헌 결정을 내렸다. 지난 1991년 제기된 이래 이번이 8번째 합헌 판결이다. 이번에 합헌 판결을 받은 국가보안법 조항은 7조 1항 (반국가) 활동을 찬양·고무·선전 또는 이에 동조한 자에 대한 처벌, 7조 5항 반국가 활동에 관한 문서·도화 기타의 표현물을 제작·수입·복사·소지·운반·반포·판매 또는 취득한 자에 대한 처벌 등이다.

헌법재판소는 "북한으로 인한 위협이 존재하는 상황에서 국가보안법이 현 시점에도 존재의의가 있다"고 합헌 결정 이유를 설명했다. "표현의 자유 및 양심의 자유 내지 사상의 자유에 대한 과도한 제한"이라는 일부 의견이 있었지만 다수 의견에 묻히고 말았다.

국가보안법 개정부터 하자

국가보안법은 국가의 안전을 위태롭게 하는 반국가활동을 규제함으로써 국가의 안전과 국민의 생존 및 자유를 확보함을 목적으로 한다(법 제1조 제1항). 국가보안법은 1948년 11월 여순반란사건이 발발하자 좌익 세력의 움직임이 심상치 않다고 판단한 이승만 정부의 요구로 형법이 제정되기 전이었지만, 제헌의회에서 통과하여 시행했다. 즉 이 법의 입법 동기 자체가 여순반란 사건의 충격으로 인한 것이었다.

애당초 1948년의 건국헌법은 세계 제2차대전의 전승국인 미국에 의해 손에 얻은 분단된 해방의 결과물이었다. 헌법 제정과정에서 수많은 권력다툼과 계급갈등, 분단갈등, 이데올로기 갈등으로 인해 최상위 규범으로서 작용해야 할 헌법과 별개로 국가보안법 체계는 운용되었던 것이다. 국가보안법의 초헌법적 특성은 국가보안법이 해방 후 민족모순과 계급모순, 분단모순까지 겹친 중층적 모순구조로 인해 최고규범인 헌법보다 우위를 점하여 국민의 기본권을 통제한다는 데서 나타난다.

국가보안법은 초헌법적 법률로서 헌법에서 보장하는 사상의 자유, 즉 인간의 사고를 원천적으로 봉쇄한다는 사상 탄압적 성격을 가지며, 인간으로서의 존엄성과 정체성을 보장하는 양심의 자유를 박탈하고 있다. 초헌법적 성격의 법률인 국가보안법의 이데올로기는 반공산주의를 국시로 하여 표현의 자유로 표상되는 집회·결사의 자유 및 언론·출판의 자유를 억압하고 물리적으로 통제하고 있다. 또한, 북한을 반국가단체로 규정하고 한반도 이북지역을 불법점령하고 있는 북한을 방문하거나 북한으로의 출국을 철저히 통제하고 있다. 북한과 거리가 있기에 통신매체를 이용하여 연락할 수밖에 없음에도 이를 통제하며 불응시에는 처벌하고 있는 것이다.

또한, 국가보안법은 반공산주의를 기본동력으로 하여 이에 의문을 제기하는 다른 이념이나 사상에 대해 배타적인 태도를 보여왔다. 그러나 이에 대한 지속적인 문제 제기로 남북관계가 개선될 때마다 조금은 유화적인 태도를 보이면서 체제방어를 위해 노력해왔다. 국가보안법은 체제유지법으로도 볼 수 있는데, 지배체제를 현 시점뿐만 아니라 미래에도 동결시켜 법규범의 형식을 빌어 국가폭력을 표출한 것이라 할 수 있다.

기존의 특정 지배체제가 체제 위협을 받게 될 때를 대비하여 국가폭력의 동원 체계를 미리 조직하는 데 입법 취지가 있다고도 해석이 가능한 것이다.

따라서 나는 초헌법적 성격을 가진 법률인 국가보안법은 단기적으로는 개정을 추진하고, 장기적으로는 폐지해야 한다는 입장에 서 있다. 일부 헌법재판관의 입장처럼 법조항이 최상위법인 헌법조항의 표현의 자유나 양심의 자유를 침해하고 있는 상황이 분단의 역사만큼이나 길게 이어져 오고 있어서다. 나를 비롯한 국가보안법 개정이나 폐지론자들은 이미 오래 전부터 기존 형법으로도 충분히 간첩이나 반국가활동에 대해 처벌할 수 있다는 입장에 서 있다.

국가보안법은 분단을 고착화하고 있다. 헌법과 국가보안법에 따르면 북한은 한반도 이북지역을 불법으로 점령하고 있는 반국가단체일 뿐이다. 국가보안법의 잠입·탈출죄는 북한지역으로 탈출한 자에 대한 처벌인데, 대한민국을 제외한 다른 국가들의 국민은 여행이나 각기 다른 이유로 북한에 '출입'하고 있지만 대한민국 국민의 북한 입경은 국가보안법상 '잠입'으로 간주된다. 또한, 북한지역으로의 '탈출'이라는 정의가 대한민국을 하나의 감옥으로 상정하는 것은 아닌지 고개를 갸웃거리게 한다.

둘째, 국가보안법은 사상을 탄압하거나 제한한다. 1995년 11월 아비드 후세인 유엔 의사·표현의 자유 특별보고관이 한국 방문 후 발표한 보고서는 "국가보안법의 입법과 시행은 세계인권선언 제19조, 한국이 1990년 가입한 시민적·정치적 권리에 관한 국제규약 제19조 등의 국제인권법에 규정된 사상과 표현의 자유에 대한 적절한 보호를 부여하는

데 실패했다. 한국 정부가 국가보안법을 폐지할 것을 강력히 권고한다"고 명시했다. 위 보고서는 1996년 유엔 인권위원회 제52차 회의에서 공식문서로 채택되었는데, UN은 지속적으로 국가보안법이 사상의 자유를 침해한다는 문제를 제기해왔다.

셋째, 국가보안법은 인권 유린 및 침해의 가능성을 내재하고 있다. 한국에서 정권의 위기가 닥칠 때마다 국가보안법은 '간첩'이라는 프레임을 통해 동서 냉전의 이데올로기적 대결 구도를 인위적으로 재생산해왔다. 이는 최근까지도 지속되고 있는데, 2018년 9월 검찰은 남북경협 사업가가 하도급 계약을 목적으로 북한 개발자와 이메일로 연락한 행위를 '국가의 존립·안전이나 자유민주적 기본질서를 위태롭게 한다는 정을 알면서 반국가단체의 구성원 및 그 지령을 받은 자와 통신한 것'으로 무리한 해석을 하며 동법 회합·통신죄(제8조) 위반 등으로 기소했다. 지금도 인터넷에 올린 글 때문에, 과거 방북한 사실 때문에 국가보안법으로 기소되는 일이 빈번히 일어나고 있다. 코에 걸면 코걸이, 귀에 걸면 귀걸이가 바로 국가보안법인 셈이다.

이처럼 국가보안법은 지배체제의 법적 안전판으로 작동하면서 국가안보라는 이름 아래 국민의 기본권을 침해하고 있다. 국가보안법의 각 시대별 차이라는 것도 알고 보면, 체제유지를 위해 방어적 태도를 보이며 엄벌에 처하거나, 약간의 포용적 태도를 보이며 관대한 처벌을 하는 것에 불과하다. 어느 정권에서나 국가보안법의 독소조항이 건재하는 한 국민들의 사상, 표현의 위축행위는 계속될 것이다.

국가보안법의 존폐에 대해서는 기존 또는 향후 남북교류협력 재개와 동북아 평화정착 도모라는 움직임을 바탕으로, 기존의 정치적 이해관계를 넘어 현실적이면서도 장기적인 관점에서 논의가 필요하다. 이러한 문제 해결을 위해서는 무엇보다 헌법 외재적 체제이데올로기인 반공산주의를 퇴역시키고, 헌법 내재적 이데올로기를 전면에 앞세움으로써 지배체제의 법적 헤게모니 자체에 대한 재조직이 필요할 것으로 보인다.

한반도의 평화와 국민 개개인의 자유와 행복을 위해서는 국가보안법 개정이 필수다. 국가보안법 개정은 우리가 북한에 대해 사상적으로나 도덕적으로 우위에 있다는 선언이기도 하다. 이는 향후 남북교류 재개시에 우리로 하여금 비교우위에 서는 효과를 발휘할 것이다.

한반도 평화가 도래할 때

2018년 4·27 판문점선언에서 남북 양 정상은 "한반도에 더 이상 전쟁은 없을 것"임을 선언했다. 나는 이것이 선언에서뿐만 아니라 실제 상황에서도 그렇게 될 것을 믿는다. 한반도에서 실제적으로 전쟁은 불가능하다. 북한이 남한이나 미국을 향해, 반대로 남한이나 미국이 북한을 향해 전쟁을 시작하는 순간 양쪽은 가공할 핵무기로 인한 회복할 수 없는 피해를 입게 되어 있다. 그래서 섣불리 공격이 불가능한 것이다. 이것을 군사 전문용어로는 '상호 확증 파괴에 의한 확장억제'라고 한다.

앞으로 한반도는 상당 기간 '상호 확증 파괴에 의한 확장억제'에 의해 전쟁은 억제되고, 불안한 평화는 지속될 것이다. 상대방이 체제전복이나 전쟁을 해오지 않는다는 확고한 믿음이 있을 때까지 상호 신뢰를

쌓는 일이 필요해질 것이다. 결국 이는 '힘에 의한 평화'냐 '신뢰와 제도에 기반을 둔 평화'냐의 문제인데, 답은 민간이나 당국간의 교류, 대화밖엔 없다. 남북간의 갈등과 분쟁을 대화와 협상을 통해 해결하면서, 군사력을 억제하고 '신뢰에 기반을 둔 평화'로의 전환이 필요하다. 남북간 신뢰가 쌓이고 공감이 형성되다 보면 교류의 폭과 깊이는 더 두터워질 것이고, 결국 한반도에 평화는 도래할 것이다.

한반도 평화, 그것은 내가 변호사로, 화해평화연대에서 활동하는 이유이기도 하다. 남한에 온 북향민들의 처지를 듣고 상담하고 그들의 목소리가 되어주는 것, 그리고 이들을 통해 남한 사회가 북한을 이해하게 되는 것, 그것이 화해평화연대의 목적이다. 평화가 실현되기 위해서는 먼저 우리 안의 남남 화해, 남북 화해가 있을 때라야 가능하다. 우리 남한 사람들 마음속의 38선이 무너져야 이 땅위의 38선도 무너질 수 있는 것이다.

화해평화연대 활동을 하다보면 나 스스로가 새롭게 세워져 가는 것 같다. 북한에 대해 내가 얼마나 많이 모르는지, 북한 사람에 대해 얼마나 고정관념을 갖고 있는지, 평화에 대해 내가 얼마나 추상적으로 생각하고 있는지를 깨닫는다.

예를 들어 남한의 법조문은 일본식 한자나 중국 한자로 범벅이 된 반면 북한은 순우리말의 아름다움을 가지고 있다. 한국에서는 '절도죄'이지만 북한은 '개인재산훔친죄'로, '미성년자약취·유인죄'는 북한에서 '어린이훔친죄'로, 남한의 '공갈죄'는 북한에서 '개인재산뺏은죄'로 표현된다는 것이다. 우리가 많이 이야기하는 '무고죄'는 북한에서 '거짓신고죄'로 표현하고 있었다. 법조인이 아닌 일반 사람도 각 죄가 어떤 죄인지 명확하게 와닿는 용어들이다.

일반 단어도 마찬가지였다. 북한의 말은 우리가 직감적으로 잘 이해하기 쉽게 순우리말로 표현되는 게 많다. 우리의 외래어인 '도넛'은 북한에서 '가락지빵'으로, '다이어트'는 '살까기'로, '오페라'는 '노래이야기'로, '샴푸'는 '머리 비누'로, '오믈렛'은 '닭알말이'로 쓰인다. 나는 이 단어들을 듣고 배우면서 무릎을 친 적이 많다. 또한 요즘 젊은이들이 이성에게 "라면 먹고 갈래?"라고 할 때 북한 사람들은 "동무, 꼬부랑 국수 먹고 갈래?"라고 한다는 이야기에 빵터지기도 했다. 북향민들과 같이 노래방에서 '고향의 봄', '아 대한민국'을 노래 부를 때에는 눈물이 났다. 이거야말로 우리 안의 평화, 우리 안의 통일 아닌가.

북향민들이 스스로의 고향을 말할 때 남한 분들이 "오 그러시구나" 하면서 활짝 웃으며 손잡고 마음으로 환대하는 그 날이 바로 한반도에 평화와 통일이 오는 날일 것이다. 지금까지 상상으로만 가능했던 전 세계 G3, 경제·문화 강국도 현실이 될 것이다. 한반도 평화통일은 세계 평화를 구현할 것이다. 이 모든 것이 한반도에 평화가 도래할 때 우리에게 임하는 축복과 은혜인 셈이다.

나는 이런 내 꿈을 가족들에게 얘기했다가 혼난 적이 있다. 하지만 나는 이 땅의 평화와 통일이야말로 이 목숨 다하는 날까지 내가 감당해야 할 소명이라고 생각한다. 김구 선생이 못다 이룬 나의 독립운동은 지금도 진행 중이며, 그 끝은 한반도 평화와 통일이다. 그 날이 오면 나는 비로소 이 땅에 온 소임을 다하게 되는 것이다. 그리고 기쁜 마음으로 눈을 감을 수 있을 것 같다.

<시사저널>2022년 1월 오종탁 기자

나는 보수·진보 모두에 이방인…
'북한 사람'만 본다

北 인권 지킴이 활동하다 '민주당의 입'으로 변신한 전수미 변호사

"더불어민주당에서 그 사람을 영입했다고?"
전수미 변호사가 최근 민주당 상근부대변인으로 임명되자 주변에서 보인 반응이다. 15년 넘게 북한 인권 문제 대응에 앞장서온 전 변호사다. 2005년부터 비정부기구(NGO)에 몸담았다가 2014년 법조인이 된 이유도 더 체계적으로 탈북민과 북한 주민들을 돕고 싶어서였다. 그가 그저 순수하고 치열하게 활동하는 동안 '북한 인권'이란 키워드는 보수 정치권의 전유물로 여겨지고 있었다. 문재인 정부 들어 '진보 정치권은 북한 인권 문제에 아예 손을 놓았다'는 인식까지 확산됐다. 이런 가운데 전 변호사가 민주당에 둥지를 튼 것은 의외였다.

15년 넘게 북한 인권 문제에 매진

요즘 전 변호사는 여당 부대변인으로서 다양한 사안에 관해 논평하는 동시에 이재명 대선후보의 대북 정책 수립에 참여하고 있다. 한반도 문제 논의를 위한 플랫폼인 화해평화연대 운영, 탈북민 법률 지원 등 기존 업무도 병행한다. 그야말로 눈코 뜰 새 없는 강행군이다. 2021년 12월29일 서울 영등포의 화해평화연대 사무실에서 전 변호사를 만났다. 그는 손에 짐을 잔뜩 들고 나타났다. 막 정부서울청사에서 대통령표창을 받고 오는 길이었다. 표창장에는 '북한이탈주민(탈북민)의 인권을 개선하고 우리 사회에 안정적으로 정착하는 데 이바지한 공로가 크다'는 수여 이유가 적혀 있었다.

현 정부·여당이 북한 인권과 탈북민 문제에 소홀하다는 지적이 많았다. 그럼에도 민주당의 상근부대변인직 제의를 받아들인 이유는.
북한 인권 관련 단체나 활동가들은 아무래도 국민의힘 등 야당 쪽과 많이 협업한다. 나도 마찬가지였다. 북한 인권 이슈에 대한 관심도와 자본력 면에서 보수 정치권이 우위를 점하고 있기 때문이다. 그러나 애초에 문제 해결을 위한 진정성은 보수 정치권이든 진보 정치권이든 부족했다고 생각한다. 특히 보수 정치권은 북한 인권을 정치적 도구로 삼으려는 성향이 강했다. 내가 가장 문제시해온 부분이다. 적어도 민주당은, 노력하면 탈북민과 북한 주민들을 어떤 프레임에 가두지 않고 한 명 한 명을 귀한 사람으로 대할 수 있겠다고 판단했다. 고민하다가 제의를 수락했다.

주변 반응은 어떤가.

이번에 민주당 당직을 맡기 전부터 NGO에서 일하는 지인들은 '정당 활동의 기회가 오면 일단 들어가고 봐라'라고 강하게 조언했다. 원래 정치 입문에 뜻이 없었고 스스로 여러 기회를 차단하기도 했다. 정당에 의존하지 않고 현장에서 뛰는 것을 자랑스러워했다. 이 모습을 본 한 여성단체 관계자가 화를 낸 적이 있다. '필드에 오래 있는 동안 바꾼 게 뭐가 있느냐'는 거다. 남한 사회에서 피해를 본 탈북민들을 도우며 승소하고 가해자들을 법정 구속되도록 하는 등 성과가 없진 않았다. 그런데 정말 근본적으로 바뀐 건 없었다. 당장 민주당으로부터 제안을 받기 전날에도 내가 지원하던 여성 탈북민 한 명이 스스로 목숨을 끊으려 했다. 남한 남성으로부터 성폭행을 당한 그 여성은 내게 전화해서 '이런 문제에 아무도 관심 없고 경찰 조사도 제대로 이뤄지지 않는다. 정부와 집권여당은 여성 탈북민들을 다 버린 것 같다'며 절규했다. 법·제도 개선으로 피해를 유발하는 구조를 바로잡는 게 중요하다는 사실을 절감했다.

북한 인권의 정치적 도구화란 구체적으로 무슨 뜻인가.

국군정보사령부 소속 상사 1명과 중령 1명이 여성 탈북민을 성폭행한 혐의와 관련해 2019년 고소 대리를 맡았다. 군 1차 수사팀에서 '이길 확률이 없으니 포기하라'는 식으로 전화를 하는 등 사건을 덮으려는 움직임이 있어 기자회견을 하려 했으나, 어느 당에서도 도와주지 않았다. 더구나 북한 인권을 중시한다는 보수 정치권의 냉담한 모습을 보고 '탈북민에 대한 존중 없이 어떻게 북한 인권을 얘기할 수 있겠느냐'는 의문이 생겼다. 다른 한편에선 국내외 보수 정치권과 결탁한 일부 탈북민이 북한 인권을 도구로 삼아 돈과 명성을 얻고 있다. 그것이 탈북민 커뮤니티에서 하나의 권력으로 작용해 여성 탈북민 성 착취 등 범죄로 이어지기도 한다.

앞서 전 변호사는 2020년 8월 국회 외교통일위원회에 출석해 북한 인권단체에 들어가는 후원금의 전용 실태를 폭로한 바 있다. 그는 해당 단체들을 안팎에서 면밀히 지켜본 결과 대북 전단 살포는 돈벌이(후원금 모금) 수단에 지나지 않으며, 후원금 일부가 유흥비로 쓰이는 등 회계도 불투명하다고 지적했다. 아울러 전 변호사는 북한 인권 NGO 활동 당시 룸살롱 회식 도중 남성 탈북민으로부터 성폭력을 당한 개인사를 털어놨다. 그는 "성폭력 피해를 당한 여성 탈북민들과 마주하면서 마치 아무 일도 당하지 않은 것처럼 태연히 그들을 위로하는 내 모습이 가증스럽게 느껴졌다"며 "공감이 최고의 위로라는 생각에 피해 사실을 처음 공개적으로 밝힌 것"이라고 설명했다.

대북 전단 무용론 주장하는 이유도 '사람'

생생한 경험에서 우러나온 전 변호사의 진술은 큰 파장을 불러일으켰다. 몇몇 탈북민은 그에게 전화로 협박하거나 사무실과 집까지 찾아와 위협을 가했다. 성폭력 피해 고백으로 남편 등 가족이 감내해야 했던 고통도 컸다. 전 변호사는 "'그런 일'을 당한 여자를 아내로, 며느리로 둔 걸 안쓰럽게 보는 시선들에 온 가족이 충격을 받았다"면서 "북한에서 온 사람들은 얼마나 더 힘들지 절절히 느꼈다"고 회상했다.

전 변호사는 두려움과 우울감 등으로 정상 생활이 힘든 중에도 사명을 놓지 않았다. 2021년 4월에는 미국 의회의 초당적 기구인 톰 랜토스 인권위원회가 개최한 한국의 대북 전단 금지법(남북관계 발전에 관한 법률 개정안) 화상 청문회에 증인으로 참석했다. 법 시행을 비판하는 시각이 지배적인 청문회에서 전 변호사는 화상을 통해 대북 전단을 들어 보이며 "이것 때문에 북한에 있는 가족이 위험에 처했다고 울부짖는 탈북민들을 종종 본다. 북한의 인권을 개선하기보다 그들의 고통만 가중시킨 셈"이라고 주장했다. 그는 이어 논의에 북한 주민들의 목소리가 빠져 있다고 지적하면서 "미국인이 다양한 탈북민, 북한의 탈북민 가족과의 소통에 열려 있길 바란다"고 덧붙였다.

대북 전단에 관해 표현의 자유나 남북 관계 등 일반적인 논의 틀을 벗어나 북한 주민을 거론한 점이 인상적이었다.

국방부 소관이었던 대북 전단 살포가 2005년부터 본격적으로 민간에 넘어왔다. 오래된 일인데, 유독 최근 들어 북한 당국이 전단에 반발해 남북 공동연락사무소를 폭파하고 탈북민을 대대적으로 색출하는 등 과격하게 반응하는 게 이상했다. 알아보니 몇몇 북한 인권단체에서 '코로나19 확진자가 사용한 마스크, 수건, 휴지 등을 모아 대북 전단과 함께 북한으로 보내자. 그래서 북한을 궤멸하자'고 계획한 정황이 확인됐다. 북한 당국도 이를 파악해 그렇게 노발대발하지 않았을까 싶다. 일단 정권이 아닌 사람에게 초점을 맞춰야 한다. 현재 북한 주민 대부분은 취약한 면역력을 갖고 있다. 실제로 코로나19가 대북 전단을 통해 북한으로 흘러가면, 대북 전단이 생화학무기나 다름없게 돼 북한 주민들의 생명을 위협할 수 있다. 이렇게 민감한 시기에 북한 주민들이 대북 전단을 주워서 볼 리도 만무하다.

모든 대북 전단을 '생화학무기'로 치부해선 안 되지 않나. 법으로 무조건 대북 전단 살포를 금지하는 게 과도하다는 목소리도 크다.

물론 (후원금 모금이 아닌)선교 등 순수한 목적으로 조용히 대북 전단을 보내는 단체들이 있다. 북한 주민들의 생존과 직결되는 급박한 상황이 지나가면 논의를 거쳐 재허용하는 등의 방법으로 풀어나가야 하지 않나 싶다.

'남한 내 북한 인권 관련 정보가 1990년대 기준에 머물러 있다' '김정은 정권 들어 북한의 인권 의식이 다소 개선됐다'고 지적해 왔다. 북한 정권을 인권 문제로 비판하지 말자는 건가.

전혀 아니다. 북한 인권 문제에 투 트랙으로 접근할 필요가 있다. 우선 유엔 총회의 북한 인권 결의에 참여해 국제사회와 함께 북한 당국의 인권침해 문제를 거론해야 한다. 그래야 정상 국가 지도자로 인정받기 원하는 김정은 북한 국무위원장을 움직일 수 있지 않을까. 미국, 일본 등처럼 북한을 공격하는 형태로 인권 문제에 대응하면 안 된다고 생각한다. 무엇보다 북한 인권 논의는 탈북민에 대한 존중에서부터 시작해야 한다.

결국 선결과제는 탈북민 인권 개선이란 말로 들린다.
탈북민들에게 대뜸 '통일의 주역' '먼저 온 통일'이라고 하면 정말 싫어한다. 남한에 정착해 하루하루 먹고살기 바쁘고 종종 멸시와 차별까지 당하는데, 통일에 대한 기대감이 생기겠나. 탈북민들에 대해 무지하고, 그들을 존중하지 않으면 통일도 멀어질 뿐이다. 탈북민들은 자신의 가족 등 북한 주민들과 수시로 통화한다. 북한 주민들이 탈북민들로부터 '남한에 오니 괴롭다'는 말을 계속 듣는다고 생각해 보라."

화해평화연대는 어떤 활동을 하는 단체인가.
한반도 문제는 남북(南北) 갈등, 남남(南南) 갈등, 남한 내 탈북민 간 갈등 등 다면적이고 복합적인 형태로 터져나오고 있다. 화해평화연대는 탈북민과 비탈북민 모두가 화해를 통해 진정한 평화에 이를 수 있도록 담론의 장을 제공하고자 2021년 8월 설립됐다.

'화해'에 방점이 찍혀 있다.
그렇다. 우리 사회가 탈북민들을 '북한에서 왔다'는 이유만으로 이슈화·도구화하는 경우가 많다. 북한이 아닌 다른 지역, 성별 등을 놓고도 비슷한 일이 펼쳐진다. 나 역시 서울에 와서 지방 출신에 여성이라는 이유로 차별받은 적이 있다. 탈북민, 특히 여성 탈북민들은 오죽할까. 화해평화연대의 시작은 '나 같은 사람을 더는 만들고 싶지 않다'는 마음이었다. 차별을 넘어 전쟁의 상흔까지 보듬는 화해가 선행돼야 진정한 평화와 통일을 도모할 수 있다.

앞으로의 비전은.

양 진영으로 나뉜 대한민국에서 나는 항상 이방인이었다. 소신대로 북한 인권 운동을 하며 보수에서도 진보에서도 환영받지 못했다. 아울러 두려움과 불안함 때문에 선인장, 고슴도치처럼 가시를 세우는 탈북민들을 보듬느라 피를 뚝뚝 흘려 왔다. 그래도 한반도에 사는 모든 이가 서로 차별하지 않고 환대하며, 얽히고설킨 문제를 함께 해결해 나갈 수 있을 때까지 버텨볼 것이다. 지금은 정당에 들어왔으니 평소 정치권에 아쉬웠던 부분들을 해소하는 데 보탬이 되고 싶다. 얼마 전 민주당 대선 선거대책위원회에 북한 인권을 도구로 삼지 않고 신실하게 활동해온 탈북민들을 적극 소개했다.

백만인의
대변인
변호사
전수미

초판 1쇄 2023년 11월 24일 발행

지은이 전수미

펴낸이 김성원

펴낸곳 도서출판 그란데

등록일 2023년 8월 17일 제2023-000159호

주소 경기도 고양시 일산서구 덕이로10-14, 110-302

전화 010-4395-7010

팩스 0504-072-7010

원고투고 grandepublishing@gmail.com

책임편집 김성원

디자인 하우스컨설팅

마케팅 이지윤

인쇄 SJC

ISBN 979-11-985285-1-3

ⓒ 전수미, 2023

이 책에 실린 글과 이미지의 무단전재·복제를 금합니다.
이 책 내용의 전부 또는 일부를 재사용하려면 반드시 출판사의 동의를 받아야 합니다.
책값은 뒷표지에 있습니다. 파본은 구입처에서 교환해 드립니다.